我们一起解决问题

供应链创新管理译丛

MANAGING THE RETAIL SUPPLY CHAIN

[英] 詹姆斯·托普斯 James Topps
[英] 格伦·泰勒 Glenn Taylor 著
杨浩雄 译

零售企业供应链管理

提高销量和盈利水平的商业战略

Merchandising Strategies that Increase Sales and Improve Profitability

人民邮电出版社
北 京

图书在版编目（CIP）数据

零售企业供应链管理 ：提高销量和盈利水平的商业战略 / （英）詹姆斯·托普斯（James Topps）著 ；（英）格伦·泰勒（Glenn Taylor）著 ；杨浩雄译. -- 北京 ：人民邮电出版社，2022.11
（供应链创新管理译丛）
ISBN 978-7-115-56681-2

Ⅰ. ①零… Ⅱ. ①詹… ②格… ③杨… Ⅲ. ①零售企业－供应链管理－研究 Ⅳ. ①F713.32

中国版本图书馆CIP数据核字(2021)第113520号

内容提要

供应链与零售企业的各个部门、各项职能都有不同程度的联系，要想让供应链持续地高效运行，进而促进销量和盈利能力的提升，零售企业必须充分了解零售供应链的基础知识、运行特点、相关运营工具、面临的挑战和问题、解决问题的方法及未来的发展趋势。

本书共19章，分别介绍了零售、供应链和商品规划的概念，商品规划，分店商品规划，采购与寻源，物流，与供应链和商品规划相关的财务指标和报表，全渠道零售，与供应链和商品规划相关的工具、报告和文件，与供应链和商品规划相关的技术，供应链和商品规划职能中的角色，纵向一体化与制造，时装零售业，超市和食品零售业，电子产品零售业，高价产品零售业，中小型零售商，供应链和商品规划中的常见问题及其解决办法，未来零售业的供应链和商品规划等内容。

本书适合零售行业相关企业的供应链管理及销售管理人员阅读。

◆ 著 ［英］詹姆斯·托普斯（James Topps）
［英］格伦·泰勒（Glenn Taylor）
译 杨浩雄
责任编辑 陈 宏
责任印制 彭志环
◆ 人民邮电出版社出版发行 北京市丰台区成寿寺路11号
邮编 100164 电子邮件 315@ptpress.com.cn
网址 https://www.ptpress.com.cn
三河市中晟雅豪印务有限公司印刷
◆ 开本：720×960 1/16
印张：18 2022年11月第1版
字数：250千字 2022年11月河北第1次印刷
著作权合同登记号 图字：01-2020-1539号

定 价：99.00元

读者服务热线：（010）81055656 印装质量热线：（010）81055316
反盗版热线：（010）81055315
广告经营许可证：京东市监广登字20170147号

本译丛专家委员会名单

（按汉语拼音排序）

前　言

有一次，我们在午餐时对书本上的理论在现实中是否有效这个问题进行了一番讨论。在理想情况下，人们在开始从事零售业的工作之前，对于一些可能会遇到的问题，可以在书中找到解决办法。但在讨论中我们发现，书本上的理论在有些情况下会与现实中的情形不一致或容易让人产生误解。许多人，甚至包括一些业内人士，并不了解供应链、物流与商品规划之间的区别，当然也无法理解它们对于一家企业的成功有多么重要。尽管我们来自不同的零售业（年龄也相差几岁），但我们意识到我们有一个机会，我们可以在纸上表达出我们在现实中遇到一些问题时会选择哪条道路。我们也意识到，实践经验和工作实例为我们提供了一个站在理论的对立面的机会。因此，这本书的风格可能不同于传统的学术教科书，它没有规范的格式。正因为我们中有人获得了供应链和物流专业的理学硕士学位，还有人在零售业前沿领域拥有20多年的工作经验，所以我们是一个完美的组合，可以从一个与众不同的角度来探索这个主题。

我们试图通过学术理论来解决人们每天在供应链和商品规划中所面临的实际问题，但很可惜，这些问题通常不会出现在学术理论中。此外，最困难的是我们每个人所承受的时间压力。仅是在花时间投入这个项目的同时开展我们各自的工作，就已经是一个巨大的挑战了。然而，事实证明，这是一个极好的消遣，是一个分享我们经验的机会，而不是简单地出版一本充满学术理论但缺乏实践经验的书。这样做是有风险的，因为它很容易被视为一本记录关于棘手情况的趣闻轶事及不同的人应对不同场景的方式的书。我们希望在理论与实践之间找到某种平衡。

特别感谢所有帮助过我们的人，不仅包括在这个项目上帮助过我们的人，还包括在过去几年帮助过我们的人。在零售业第一线的工作既紧张又充满各种冲突，这绝非一件简单的事。我们要感谢出色的同事们，他们给了我们洞察力、经验、知识和建议，也给了我们宽容和包涵。这是一份很有意义的职业，但它就像坐过山车一样，你永远不能独自完成这一事业。我们希望这本书的丰富内容能带给您一定的启发。

MANAGING THE RETAIL
SUPPLY CHAIN
Merchandising strategies that
increase sales and improve profitability

目 录

第1章

引言

利润，利润，利润。企业的最终目的是实现自身利润的最大化，并且最好能够实现长期的利润增长。关于如何获取利润的著作并不多见，学术论文更常称之为“竞争优势”。企业的各个职能通常是独立运行的，因此它们努力的方向是达成该职能的关键绩效指标（Key Performance Indicator，KPI），而不是去做对业务发展和提升盈利能力有益的事情。用这样一种方式来介绍一本有关供应链和商品规划的书显得有些愚蠢，但重要的是要记住：企业中的每一项工作，无论它属于什么职能、处于哪个层级，都应有助于企业实现盈利。这看似无情，但零售业是一个非常艰难的行业，零售商既面临着来自其他零售商的激烈竞争，也面临着来自电商不断加剧的竞争。如果你能通过电商在第二天（甚至在当天）就以更低的价格获得相同的商品，那么你为什么还要去线下商店呢？传统零售业正面临着威胁，因此零售商必须学会适应现在的环境并提供不同的、独特的服务，从而增加实体店的价值。

一方面，供应链和商品规划作为最古老的商业职能之一，数百年来都按照同样的模式运行，它们确保商品高效流动，从而使商品从供应商处转移到商店。另一方面，它们又是新生事物，普遍存在着人员缺乏、资源不足、商业价值被忽视等问题（尤其是在零售业中）。近年来，许多企业将资源投入到供应链和商品规划中，使自身的结构从传统的以库存控制、存货或供应链为核心转向一体化的销售职能，并将其与高效的库存计划相结合，从而推动销量和利润的增长。

英国零售业经历了一个黄金时代。自 20 世纪 50 年代以来，传统制造业的衰落和人均可支配收入的增长使英国零售业变得越来越强大，很多时尚品牌和零售企业都取得了巨大的成功。同时，因为几乎没有外部竞争，所以它们无须改变其基本商业模式——采购产品，将其放入商店并以远高于采购价的价格出售，理想的付款方式（向供应商）是先把产品销售出去再付款。

这显然不是一件那么容易的事，但是从总体上看，在 20 世纪 90 年代末，零售企业普遍缺乏促使其重新思考经营方式的压力。那时，商品可能会随着技术的变化而变化，但消费者通常还是会去商店购买商品。这是因为消费者别无选择，他们接受所支付的价格，他们接受品类不齐全的商品，他们不一定了解当地还有其他的替代商品，他们也不打算去货比三家。然而，这种情况并没有持续多久。

互联网诞生于 20 世纪 90 年代。有意思的是，互联网虽然在 20 世纪 80 年代被学者广泛使用，但直到 20 世纪 90 年代中期，蒂姆 · 伯纳斯 - 李（Tim Berners-Lee）对万维网的构想得以实现之后，互联网才开始蓬勃发展，从此零售业变得和以前不一样了。1994 年，亚马逊（Amazon）和易趣（eBay）推出了线上业务，尽管最初的发展速度非常缓慢，但近 10 年来，其线上业务呈指数级增长。2015 年，仅英国的线上零售总额就高达 1 140 亿英镑。线上销售额占零售业总销售额的比例已经很高，而且会越来越高。

互联网的高速发展并不是零售业面临的唯一压力。2008 年，全球金融危机爆发，给很多企业（尤其是那些负债累累的企业）带来了灾难性的影响。

几家零售企业甚至面临行政接管（公司破产时由独立管理人负责其运营），其影响至今仍然存在。

有关电商的发展和 2008 年金融危机的图书已经有很多，相关的图书还会继续出现。然而，与零售业中的供应链和商品规划相关的特定学科尚未被界定得特别清晰。陈述这些事实是为了强调当今不断变化的环境，以及随着消费者期望的提高，零售业所面临的巨大变化和挑战。现在，消费者只需点击一个按钮，就能确切地知道每个销售点（Point Of Sales，POS）中每种商品的数量。消费者几乎可以在世界上的任何一个地方、任何一个时间，以较低的价格获得任何一种商品。因此，消费者拥有无限多的选择！

随着企业效率的不断提高，供应链和商品规划逐渐成为一项必不可少的职能，企业通过该职能可以更好地制订库存计划、促进销售、提高供应率并减少库存，从而提升企业的盈利能力。这一切都给企业带来了财务效益，在提供更好的客户体验的同时提升了企业的盈利能力。

无论是学术性还是实操性的图书，都很少提及零售业的规模和重要性，而有关供应链和商品规划的图书则更少。大多数供应链图书都与传统制造业或 B2B 行业（如航空航天业）有关，虽然其中一些图书与零售相关，但大多数图书都未能解释和解决零售业中特有的问题。这本书将从最基本的问题到战略和高级挑战等多个方面探讨零售企业的供应链和商品规划。本书将会提及少量的学术理论和模型，但介绍这些内容只是为了帮助读者理解实际情况。本书后面的章节将探讨零售业中不同领域之间的差异，例如，超市的供应链职能与时装零售商的商品规划职能完全不同。此外，本书还将探讨与供应链和商品规划有密切关系的其他关键职能，并探索它们之间的关系。

供应链和商品规划涉及零售企业的各个部分。供应链和商品规划与某些职能的交互可能较少，但是与诸如采购和物流等职能的交互则对彼此的成功至关重要。本书将探讨这些职能，并介绍相关的金融和信息技术（Information Technology，IT）。为了使供应链和商品规划更加有效地运行，零售商必须充分了解这些职能如何相互作用，以及它们所面临的挑战，这对供应链和商品规划的成功来说至关重要。本书将详细探讨一些重要问题的解决方案，以及未来供应链和商品规划的发展趋势。

第2章

零售、供应链和商品规划的基本概念

零售概述

本书主要关注零售业中的供应链和商品规划。零售业与非零售业对供应链专业人员的要求有较大的不同。商品规划在零售业之外的行业根本不存在，因此，了解零售业及供应链和商品规划如何适应零售业尤为重要。理解零售业很容易：它是一个人们每天都会与之产生联系和互动的行业；全国性的头条新闻可能会与零售业相关；人们会对该行业感兴趣并进行投资。这使得零售业成了一个动态的、充满压力的、时效性强的行业。本章还将简单介绍零售业的历史，概述供应链和商品规划所属的商业职能。

什么是零售

购物是指在商场或线上商场采购商品。每个成年人（和大多数儿童）都会在商店里购物，零售是一个我们经常与之互动的领域。商业街中发生的各种事情会给我们带来这样或那样的好处。不管是出于好的还是坏的原因，零售业都比其他任何行业更愿意制造主流新闻。我们对每天接触的品牌、商店会产生感情上的依恋。消费者忠诚度可能不像以前那样高了，但它依然是影响消费者购买决策的一个关键因素。

《牛津词典》对零售的定义是："向公众销售数量相对较少的商品以供使用或消费，而不是转售。"简而言之，零售就是把商品卖给消费者。显而易见的是，零售的具体细节远比这一定义复杂，我们很难用一句话完整地描述它。以下定义既包含了词典中对零售的定义，也描述了零售的目的：

> 向消费者销售商品或服务以赚取利润并满足消费者。

"赚取利润并满足消费者"是实现长期的业务增长和盈利的基础，也是所有零售商追求的目标。

如果你想开一家零售店，那么你需要考虑以下几个基本问题。

- 卖什么？怎么卖？在哪里卖？卖给谁？
- 卖什么商品？选择哪些供应商？
- 如何销售这些商品？如何储存这些商品？如何展示这些商品？如何补货？要卖出多少商品？
- 在哪里销售这些商品？
- 向谁销售这些商品？

显然，你要考虑很多问题，而供应链和商品规划的目标就是解决这些问题。这些基本问题也是零售商每天都会问自己的问题。

零售业发展简史

零售或商品交易已经存在了上千年，远在古希腊时期，人们就已经像现在一样交易商品和服务了。然而，直到 20 世纪，零售业才开始向我们今天所熟悉的零售业转变。

在 20 世纪，传统的街角商店统治着零售业，它们是在本地采购商品、独立经营的小商店；供货商基本来自本地，几乎不存在连锁的概念；商品非常有限，消费者没有太多的选择余地；由于没有便捷的交通工具，长途跋涉去获得更好的商品或更低的价格是不现实的；当时，大多数人的可支配收入比较低，可供自由支配的空余时间也非常有限。

20 世纪 20 年代至 40 年代，零售业发生了微小的变化。独立经营的小型零售商依然是主流，但是面向大众市场的制造业和技术的发展使包括百货商店在内的大型商场开始出现。尽管英国的第一家百货商店是在 19 世纪中叶开业的，但是直到这一时期，百货商店才开始受到人们的广泛关注。汽车和制冷设备的出现也使供应链得到了一些扩张。

20 世纪 50 年代至 70 年代可以说是零售业发展最重要的时期之一。在这个时期，商业街面积扩大、人口增加、可支配收入和社会流动性呈现上升趋势。引入更多的技术和动用更多的资源意味着供应链全球化的开始。很多今天我们所熟知的品牌、零售商都出现于这个时期，超市也是在这个时期出现的。零售业从 20 世纪 50 年代开始快速发展，经过一系列的整合、并购，大型零售商出现了。在这个时期，随着零售商开始认识到消费者忠诚度的重要性，电视广告和品牌成了行业竞争中的关键因素。

20 世纪 70 年代到 21 世纪初，仓储式超市出现了，大型城郊商场开始兴起，有些大型卖场甚至被称为“品类杀手”。强大的零售商可以“消灭”所有销售类似商品的本地竞争对手。通过这种增长方式，一些零售商可以实现前所未有的规模经济，以低于“正常”水平的价格提供商品，从而成为“平价零售商”。通过全球采购，零售商能以远低于本土制造的成本采购几乎任何商品。在这个时期，小型的、独立经营的零售商虽然仍在挣扎，但是它们已经无法与大型零售商相抗衡。

进入 21 世纪以后，电子商务出现了，这是多年来零售业面临的最大变化和挑战。线上零售商能提供比线下商店更便宜的商品，并承诺直接将商品交付给消费者，而且价格也变得更加透明了，消费者可以在多家零售商之间快速比价。随着智能手机的普及，消费者甚至可以先在线下商店看货，然后通过其他渠道寻找并买到更便宜的同类商品。2008 年全球金融危机以来，许多全球知名的老牌零售商因为线上零售商的兴起而纷纷破产倒闭。多渠道和全渠道零售应运而生，由于消费者需求和预期的变化，零售商无法只在实体环境中运营了。

零售的类别

零售可以分为不同的类别，每个类别中也有不同类型的零售商。没有两家完全一样的零售商，但是在特定类别的零售中，它们面临类似的挑战和环境。零售的主要类别如下。

- 杂货——食品零售和超市。
- 时尚——服装。
- 百货公司——大型商店，里面通常有其他零售商的特许店。

- 家居和自己动手（Do It Yourself，DIY）——家居和 DIY（工具、园艺和五金等）商店。
- 电器——技术产品和白色家电（电视、洗衣机等）。
- 健康与美容——化妆品、洗漱用品、健康和营养产品。

商业街中的大部分商店都属于以上类别之一。每个不同类别的零售中的所有竞争者都面临同样的挑战和环境，后文将更加详细地探讨这些因素。

零售商的标准职能

尽管不同零售商所面临的挑战和提出的要求有所不同，但零售商内部的职能通常是相同的。了解零售商的主要职能十分重要，因为供应链和商品规划会涉及其中的绝大多数职能。为了让供应链和商品规划有效地运行，你要有能力影响这些职能，以确保实现自身的业务目标。

零售商的标准职能如表 2.1 所示。图 2.1 展示了这些职能通常是如何分组的。这些职能组在不同的企业之间可能有很大的差异，但我们有理由认为，在大多数成熟的零售商中，所有这些职能组都以某种形式存在。

表 2.1　标准职能

职能	工作职责	供应链和商品规划与该职能的交互
采购	寻源与采购产品	与采购职能的交互是最重要的。与采购职能交互的关键是针对预测达成一致，以及确保库存可以支持销量目标的达成

（续表）

职能	工作职责	供应链和商品规划与该职能的交互
物流	确保高效的仓储和运输	与物流职能有大量的交互。进货量、发货量预测与计划是物流职能规划资源以使运营尽可能高效的关键
IT	负责所有的信息和技术系统	现代供应链和商品规划职能在很大程度上依赖于 IT 系统。这些系统需要不断优化或更新。由于 IT 系统会出现问题和错误，因此与该职能建立良好的工作关系以快速解决问题是非常重要的
零售	管理销售渠道，实现销量和利润最大化	与零售的交互往往是最困难的。针对库存短缺、建立库存和产品系列计划进行沟通是与零售职能互动的关键
营销	负责企业的广告和促销活动	与营销职能的交互主要是围绕促销计划进行的，目的是确保销售和库存预测的准确性，并确保当前库存可用于促销
财务	管理企业资金及现金流	通常负责商业分析，能够生成数据和信息。这对决策制定至关重要
人力资源	管理企业中的人员	招聘、奖惩和培训是与人力资源部门交互的主要内容
客户服务	负责处理客户的咨询与投诉	一般来说，与客户服务职能的交互很少。主要的交互是通知客户缺货订单何时到货
生产	生产待售成品	在垂直整合企业（这类企业自行生产部分或全部产品）中，生产预测是保持库存效率的关键
数字化（线上销售）	负责数字空间、线上销售、线上平台、社交媒体	确保有足够的库存供线上渠道销售和预测线上销量是与数字化团队的主要互动

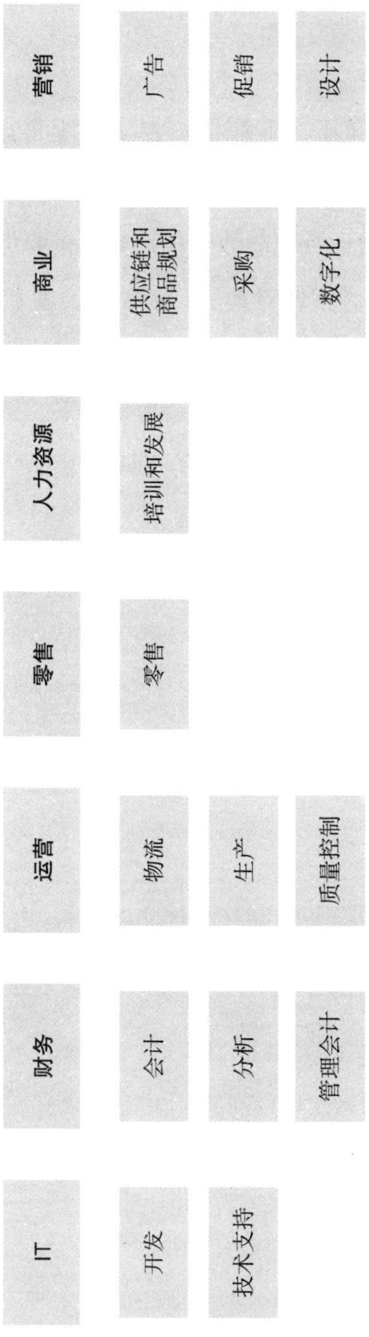
IT
开发
技术支持
财务
会计
分析
管理会计
运营
物流
生产
质量控制
零售
零售
人力资源
培训和发展
商业
供应链和商品规划
采购
数字化
营销
广告
促销
设计

图 2.1　职能分组

商业职能

供应链和商品规划属于商业职能。在一些零售企业（具有传统结构）中，供应链、库存控制或存货可能属于运营和物流职能。这种从属关系始于供应链和商品规划被视为运营职能的时代，当时企业可能仅设置了一个“库存小组”。后续章节将更详细地对其进行说明。商业职能借助有效的库存计划推动销量和利润增长。商业职能的目标是通过对销售进行规划和编制预算来实现盈利。这些都是通过与供应商发展贸易关系、选择合适的商品和确定合理的价格，以及对库存进出进行合理的规划实现的。

商业职能可以进一步细分如下：

- 采购；
- 供应链和商品规划；
- 空间规划；
- 促销计划；
- 数字化和线上销售。

以上职能因企业而异，并不存在最佳实践模板，企业应根据自己的需要划分各个职能。

供应链和商品规划的基本概念

供应链和商品规划可以是同一家企业中的两个独立的职能，并且有些企业可能只有供应链，而有些企业可能只有商品规划。由于存在这种模糊性，整个零售业对供应链和商品规划的理解有很大的不同。在不同的企业中，供应链团队的职能可能与商品规划团队完全不同，也可能完全相同。零售业中供应链和商品规划职能的模糊性使得该职能难以定义，进而导致行业缺乏标准化的岗位名称、职能动态、职责和责任划分。这就是为什么在本书中，当我们提到供应链和商品规划时，我们指的是同一件事情。不管企业具有的是供应链职能还是商品规划职能，其关键职责和责任都应该是一样的。

话虽如此，供应链职能的主要任务通常被认为是传统的订单下达，而商品规划职能的主要任务则是有效的库存规划（目的是推动销量和利润的增长）。不同的行业往往喜欢使用不同的术语，食品零售业和超市业通常将“供应链”作为职能名称，而时装零售业则将“商品规划”作为职能名称。

无论是供应链还是商品规划，都应关注以下 KPI：

- 销量；
- 利润；
- 库存持有量；
- 库存供应率。

后文将详细介绍这些 KPI，但是必须注意，所有 KPI 的重要性都应该是相同的。例如，只关注销量可能会让库存持有量变得不合理，而只关注减少库存持有量可能会限制销量。

供应链和商品规划应位于商业职能的中间层次，它们应当是商业战略的推动器。每家零售企业都有一个销量目标，供应链和商品规划职能负责规划如何实现这些销量目标。其总体目标应该是在正确的时间按照正确的数量将正确的商品送到正确的地点。

供应链和商品规划职能的细分领域

供应链和商品规划职能包含各种专业角色和细分领域。供应链职能可以分为许多不同的领域，而商品规划职能通常分为两个领域——分店商品规划和商品规划。这两个细分领域都有各种各样的挑战，并有一定的复杂性，下面简要地探讨一下这些挑战和复杂性。

- 商品规划就是规划进入企业的库存，确保订购的产品数量正确并且保证库存的有效消耗。
- 分店商品规划就是管理企业内的产品流，确保更好地为门店补货。

供应链职能负责整个端到端的库存管理流程，包括供应商管理、物流、商品规划、发货控制（分店商品规划）、库存、退货、进口、补货和预测、补货和预测系统的开发及门店库存支持等。

值得注意的是，在零售业中这些职能可能有不同的名称，并且可能具有不同的职责和责任，但是其主要关注点一般是相同的。

本章小结

本章介绍了零售的基础知识和零售业的实际情况，还简要地介绍了供应链和商品规划职能。本章的主要内容如下：

- 什么是零售；
- 零售业发展简史；
- 零售的类别；

- 零售商的标准职能；
- 商业职能；
- 供应链和商品规划的概念及两者之间的区别；
- 基本 KPI。

第3章

商品规划

商品规划是不同的零售商之间具有一致性的领域之一。商品规划发源于时装零售业，由于产品具有季节性且要符合时尚趋势，时装零售业需要采用结构化的方法来规划销量和进货量。大多数零售商都采用这种方法来提高销量、利润和库存效率。在商品规划团队中，最重要的角色是产品经理（在供应链中通常被称为需求计划员），他们负责规划各个部门（品类）的销量、库存量和进货量。

订货

商品规划的主要任务是订货。不订货就没有东西可供销售，原因是你没有库存！虽然这看起来一目了然，但有些企业常常只关注订货之前的计划而忽略订货的实际执行。

订货时，日期、库存单位（Stock Keeping Unit，SKU）代码或编号、数量和价格等是需要输入的标准变量。大部分订单系统会为用户自动生成绝大多数变量，从而使用户能够快速处理订单。

订货的目的是订购足够的库存以保障产品的销售，同时又不会过量订货，从而避免库存过剩。现在零售业普遍使用准时制（Just in Time，JIT）订货模式。技术的进步、数据的可见性和可用性使 JIT 订货成为可能。如图 3.1 所示，JIT 订货是减少库存的关键，企业通过更频繁地、小批量地订货，既可以减少库存，又可以保证拥有足够的安全库存。

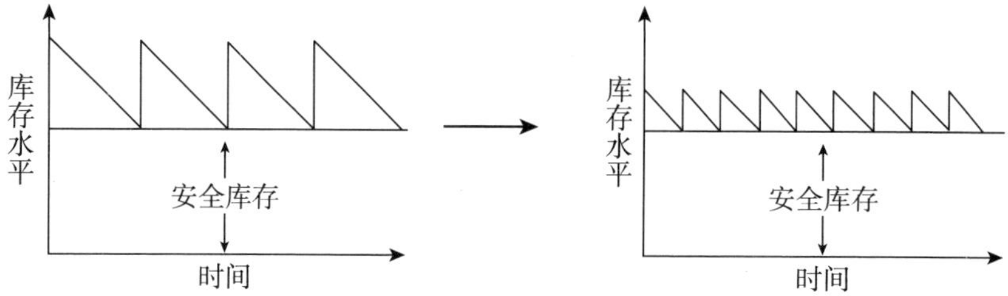

图 3.1　JIT 订货

前置时间

订货时要考虑前置时间。行业对前置时间的定义是订单发出和完成之间的时间间隔。例如，前置时间为 7 天的产品应该在供应商收到订单之日起的 7 天内交付。

前置时间对订货和预测订货量有很大的影响。如果产品的前置时间较长，缺货的风险就会增加，因为你在下单后等待的时间更长。较长的前置时间通常会带来较多的库存，这是因为如果销量突然增加，你将无法迅速增加更多的库存，你需要持有额外的缓冲和安全库存来消除这种风险。

不同行业的前置时间可能相差很大，这主要取决于产品的制造地和采购地。从电器到花园装饰，许多产品都是从亚洲采购的，前置时间通常为 40 天到 1 年以上。大多数货物是通过海洋运输的，仅运输时间平均就需要 24~30 天，这还不包括制造产品所需的时间。很多企业之所以从亚洲采购产品，是因为这些产品的成本较低，而且这些企业通常不会考虑这对库存量的影响。缩短前置时间是所有供应链和商品规划团队都试图实现的目标之一，因为这可以降低库存并提高满足需求的灵活性。供应链和商品规划团队经常采用的一种策略是让供应商和分销商将库存保留在它们的仓库中，并在需要时“取消”库存。这意味着这种库存持有方式可以精益地运行，但这要求供应商始终保持足够的库存。要想让这种方式取得成功，就要让供应链和商品规划团队提供可靠的销量和订货量预测，这样供应商才能有效地规划自己的库存量。

最小订货量

最小订货量（Minimum Order Quantity，MOQ）是对可订购的库存量的限制，是供应商可以接受的订单的最小订货数量。例如，如果 MOQ 为 1 000 个单位，那么订货量必须等于或大于 1 000 个单位。

MOQ 可以采用不同的方式来设定。最小订单价值（Minimum Order Value，MOV）是货币形式的最小订单。例如，如果 MOV 为 1 000 英镑，那么订单金额必须等于或高于 1 000 英镑。

供应商通过规定 MOQ 或 MOV，使发货在经济上可行。由于运输时间长和制造周期长，亚洲的大多数产品都有 MOQ 或 MOV，以实现规模经济。亚洲的工厂在采购原材料时也要满足 MOQ。

降低 MOQ 几乎是所有供应链和商品规划团队的任务之一，因为降低 MOQ 有助于降低库存并提高灵活性。降低供应商要求的 MOQ 的最简单方法是接受更高的价格，但这显然不够理想，因为这将导致利润减少。我们需要在库存量与价格之间取得某种平衡。持有 10 年的库存量好让价格降低 1%，这对任何一家企业来说显然不是最有利的选择。

采购订单

采购订单（Purchase Order，PO）是一种商业文档，是由采购方向销售方（供应商）发出的第一份正式要约。一份 PO 包含 SKU 代码或编号、数量和价格等。供应商接受 PO 会促成买卖双方签订合同。业内俗称下订单为“提订单”。

使用 PO 的原因主要如下：

- 采购方可以清晰明确地向供应商传达自己的意图；
- 如果采购方拒绝付款，PO 就可以保护供应商免受采购方的影响；
- PO 可以帮助供应商和采购方管理已下达的订单。

绝大多数 PO 都是以电子方式传递的。过去，PO 是纸质的，通过传真传递。现在，它们通过电子邮件或直接通过电子数据交换（Electronic Data Interchange，EDI）系统传输到供应商的计算机系统中。

预测

预测要么是错误的，要么是非常错误的。预测是一种根据数据和趋势分析对未来进行预估的技能。除了数据，预测往往还依赖于预测者的直觉。供应链和商品规划中的预测主要与销量有关。已经有很多图书和文章详细地介绍了预测的方法，并且为极其昂贵的预测系统创建了极其复杂的数学公式。尽管在某些情况下，在优化订货和补货系统时理解某些算法可能会有所帮助，但本书并不打算详细介绍这些算法并解释其背后的数学原理。

预测的聚合度越高，预测就越容易。例如，预测某产品在公司层级的总销量比预测该产品在每个门店和渠道的销量要容易得多。下面的示例展示了这一点。

如果某产品的每周销量如图 3.2 所示，我们就可以预测第 7 周的销量可能为 5 000~5 300 个。

	第 1 周	第 2 周	第 3 周	第 4 周	第 5 周	第 6 周
总销量（个）	5 214	5 147	5 097	5 179	5 279	5 176

图 3.2　每周销量

不过，如果我们按日预测销量，复杂性就会极大地提高，如图 3.3 所示。

	第 5 周 星期一	第 5 周 星期二	第 5 周 星期三	第 5 周 星期四	第 5 周 星期五	第 5 周 星期六	第 5 周 星期日	总计
总销量（个）	714	624	733	691	856	1 222	439	5 279

	第 6 周 星期一	第 6 周 星期二	第 6 周 星期三	第 6 周 星期四	第 6 周 星期五	第 6 周 星期六	第 6 周 星期日	总计
总销量（个）	689	711	523	677	921	1 157	498	5 176

图 3.3　每日销量

按整周来算，销量变化比例约为 2%，但是每周同一天（例如，第 5 周的星期一与第 6 周的星期一）的日销量变化比例约为 3.5%。如果每天对各门店的销量进行预测，情况就会变得更加复杂，如图 3.4 所示。

	第 5 周 星期一	第 5 周 星期二	第 5 周 星期三
总销量（个）	714	624	733
门店 1 销量（个）	50	89	40
门店 2 销量（个）	72	58	74
门店 3 销量（个）	89	74	77
门店 4 销量（个）	144	116	137
门店 5 销量（个）	31	44	52
门店 6 销量（个）	111	103	115
门店 7 销量（个）	65	54	77
门店 8 销量（个）	55	8	59
门店 9 销量（个）	51	42	44
门店 10 销量（个）	46	36	58

图 3.4　各门店每天的销量

如果按小时对各门店的销量进行预测，情况就会变得更加复杂，依此类推。

不同的层级和组织都需要做预测。门店层级的预测对分店商品规划很重要，库存预测和总销量预测在商品规划中的作用更加明显。如果门店层级的产品供应率对企业至关重要，那么门店层级的预测将成为优先事项。之后，企业会将其汇总为总销量预测。显然，并非所有企业都逐日逐店对每一种产品做预测，也不是只靠人工预测，系统生成的预测在大多数供应链和商品规划团队中发挥着重要作用。系统可以快速计算出大量的细化数据以进行预测，因此可以节省时间和人力。然而，采用纯自动化系统不是预测的最佳方式，预测时必须考虑人为因素和外部因素。例如，系统不会知道英格兰足球队已经进入了世界杯决赛，因此那天门店的客流量将大幅下降。即使是市场中最智能的系统，也无法将所有潜在外部因素对预测的影响都考虑在内。

周销量、库存和进货表管理

周销量、库存和进货表（Weekly Sales, Stock and Intake，WSSI）是一种被产品经理或需求计划员经常使用的重要的计划和工作文档，它的使用范围和影响范围比较广。WSSI 通常是基于 Excel 的，它包括所有的基本 KPI 和相应的指标，不同的行业和企业会添加自己特有的条目。WSSI 发源于 20 世纪 70 年代的时装零售业，并迅速被当作重要的行业标准计划工具。桌面计算机的出现和数据可用性的提高增加了 WSSI 的复杂性和功能。尽管 WSSI 易于使用和理解，但用户必须理解其中的计算过程和算法才能输入和操作 WSSI。不同的企业有不同版本的 WSSI，WSSI 对任何供应链和商品规划团队来说都是必不可少的计划工具。

WSSI 通常以周为单位显示一整年的计划，还可以向前滚动显示下一年的计划。对于某些前置时间非常短的产品，我们可能需要将 WSSI 分解为日销量、库存和进货表，但这种情况非常少见。表 3.1 展示了简单的 WSSI。

在详细说明 WSSI 之前，我们需要先解释一些指标。需要注意的是，图 3.5 展示的仅仅是一个例子，这个特定的 WSSI 实际上并没有被任何企业所使用。每家企业使用的 WSSI 都会有所不同，但是它们都非常相似，而且核心指标并没有很大的差异。

期初库存：以成本价格计算的本周期期初库存。大多数 WSSI 会以零售价格计算库存，但这主要取决于行业。食品和电子产品零售业以成本价格计算库存，而时装零售业以零售价格计算库存。期初库存可以简单地用产品

表 3.1 简单的 WSSI

实际值 / 预测值		实际值	实际值	实际值	实际值	预测值	预测值	预测值	预测值
周次		1	2	3	4	5	6	7	8
周起始日		3 月 20 日	3 月 27 日	4 月 3 日	4 月 10 日	4 月 17 日	4 月 24 日	5 月 1 日	5 月 8 日
期初库存（千英镑）	去年同期	3 801.0	3 903.4	4 130.0	3 960.8	3 804.2	3 738.6	3 653.8	3 488.7
	预算	3 788.8	3 802.6	3 746.5	3 705.2	3 727.7	3 730.1	3 719.6	3 695.2
	实际值 / 预测值	3 398.8	3 565.4	4 039.8	4 028.1	3 854.1	3 860.9	3 796.2	3 635.0
扣除增值税的净销售额（千英镑）	去年同期	332.9	331.0	288.0	320.1	360.8	354.1	319.0	347.8
	预算	406.9	331.2	373.5	358.5	326.6	367.2	352.8	360.0
	实际值 / 预测值	391.5	437.9	447.6	415.7	398.3	394.8	401.2	380.0
利润（千英镑）	去年同期	119.7	118.0	103.1	96.3	63.7	83.5	82.5	73.9
	预算	117.2	94.7	106.1	103.2	70.0	82.0	77.0	79.0
	实际值 / 预测值	81.1	92.9	94.6	94.6	97.1	93.9	92.3	86.3
利润率	去年同期	36.0%	35.7%	35.8%	30.1%	17.6%	23.6%	25.8%	21.2%
	预算	28.8%	28.6%	28.4%	28.8%	21.4%	22.3%	21.8%	21.9%
	实际值 / 预测值	20.7%	21.2%	21.1%	22.8%	24.4%	23.8%	23.0%	22.7%
销售成本（千英镑）	去年同期	213.2	213.0	184.8	223.9	297.2	270.6	236.6	273.9
	预算	289.7	236.5	267.4	255.3	256.6	285.2	275.8	281.1
	实际值 / 预测值	310.4	345.0	353.0	321.2	301.2	300.9	308.8	293.7
进货量（千英镑）	收货量	477.0	832.4	348.3	152.3	0.0	0.0	0.0	0.0
	订单量	0.0	0.0	0.0	0.0	356.2	145.1	147.5	52.6
	即将下单量	0.0	0.0	0.0	0.0	0.0	155.6	42.3	29.9
	采购限额	390.0	237.2	−293.3	−322.9	−126.3	−130.8	−76.6	60.2
库存周数	去年同期	0.0	18.3	22.3	17.7	12.8	13.8	15.4	12.7
	预算	13.1	16.1	14.0	14.5	14.5	13.1	13.5	13.1
	实际值 / 预测值	10.9	10.3	11.4	12.5	12.8	12.8	12.3	12.4
库存调整量（千英镑）	统计		−13.0	−7.0	−5.2	−48.1	−64.5	−42.2	10.6

数量乘以成本价格计算出来。在图 3.5 所示的 WSSI 中，所有金额均以千英镑计。

扣除增值税的净销售额：扣除增值税后的销售收入。其计算方法为售出的产品数量乘以售价（扣除增值税）。销售额通常不含增值税。

利润：扣除销售成本后的销售利润。其计算方法为销售收入（扣除增值税）减去销售成本。

利润率：利润所占的百分比。其计算方法为销售价格（扣除增值税）减去成本价格，再除以销售价格（扣除增值税）。利润率有多种计算方法，后文将介绍其中的一些。为了说明 WSSI，这里使用基本的计算方法。

销售成本：销售产品所产生的成本，其计算方法为成本价格乘以售出产品的数量。

进货量：有时也被称为订单量，其计算方法为成本价格乘以产品数量。与库存量一样，它常常按照零售价格来计算。

库存周数：按当前销售速度售空库存所需要的周数。其计算方法为库存除以销售成本。这是衡量库存使用效率的非常有用的指标。

库存调整量：这是一个用于平衡的数据，因为销售额与期初和期末库存的差额总是存在差异。例如，如果第 1 周的期初库存为 100 英镑，第 1 周卖出 50 英镑的库存，则第 2 周的期初库存应为 50 英镑。如果第 2 周实际期初库存为 49 英镑，则库存调整量为 –1 英镑。拥有多个门店和仓库的企业经常会发生库存损失或系统性调整。与销售额和库存量相比，库存调整量应相对较小；如果库存调整量过大，就说明供应链中可能存在其他的问题。

让我们浏览一下图 3.5 所示的 WSSI。该 WSSI 表明当前进入第 5 周，因为前 4 周已经过去。这些指标已经被拆分为去年同期、预算和实际值 / 预测值。

第 1 周的期初库存低于预算且低于去年同期库存。一直跟踪库存，我们可以发现第 3 周的库存超出了预算，这是因为第 2 周收到了 832.4 英镑的库存。之后几周的库存会继续超出预算，直到第 8 周库存恢复到与预算接近。库存预测值的计算方法如下：

本周期初库存 − 销售成本 + 订单量 + 即将下单量 + 库存调整量

= 下周期初库存

第 7 周期初库存计算如下：

3 860.9 − 300.9 + 145.1 + 155.6 +（−64.5）= 3 796.2（千英镑）

这种库存状态导致企业在第 3~7 周超出了采购限额（Open To Buy，OTB）。

除了第 1 周，销售额均超出预算（第 2、3、4 周）。由于销售额与预算存在一些差异，因此产品经理或需求计划员需要了解其原因。这个趋势会持续下去吗？是什么原因导致了这一现象？通过了解原因，他们可以决定是否提高预测的销售额。如果他们不提高预测值并继续保持超额完成销售额，那么企业很可能会降低对销售预测的信心；如果继续以较低的预测值安排进货和分配，企业很可能会出现库存供应不足等问题。

“销售额是虚荣，利润是理智”是一句商业谚语。对企业来说，达到预期的利润额比达到预期的销售额更加重要。在图 3.5 所示的 WSSI 的前 4 周中，实际的利润比预算低。如果销售额高于预算，但利润低于预算，就说明利润率低于预算。造成此问题的原因可能有很多种，例如，企业可能希望通过降价的方式增加销量，产品组合销售也会影响利润率。在产品线层面，以低于预测的利润率售出更多的产品将影响整体利润率。

如果销售额上升，而利润和利润率下降，那么销售成本必然高于预算。此 WSSI 前 4 周的数据证明了这一点。除非企业能对超出预算的销售额做出反应，否则将面临没有足够的订单来应对销售速度加快的风险。在此 WSSI 中，订单量似乎足以应付未来销售，控制 WSSI 的产品经理或需求计划员可以输入即将入库的库存量，以确保拥有足够的库存。观察库存周数可知，库存周转速度越来越快，这意味着库存周数将会降低。

企业通常先在品类层级创建 WSSI，然后将其汇总到部门 WSSI 中，再将部门 WSSI 汇总到企业 WSSI 中。具体的做法取决于企业的组织结构。一些企业规模很大，拥有数百个品类，如超级市场。在这种情况下，WSSI 可能会分解如下：

子品类—（汇总）—品类—（汇总）—子部门—（汇总）—部门

具体分类示例如下。

- 高价酸奶、儿童酸奶、保健酸奶和平价酸奶将被汇总到酸奶品类。
- 酸奶、牛奶、奶油、奶酪和黄油将被汇总到乳制品子部门。
- 乳制品、即食食品、水果、蔬菜和肉类将被汇总到冷藏食品部门。
- 冷藏食品、常温食品和非食品类产品将被汇总到企业。

显然，企业需要通过许多 WSSI 和人员来管理这些产品，而超级市场拥有资源和方法做到这一点。除了非常大的零售商，企业倾向于按照品类、部门和企业分类创建 WSSI。

通常来说，WSSI 将在工作周结束时更新，以便各部门在第二天检查其 WSSI，然后将其合并为整个企业的 WSSI。这样一来，部门经理就可以在将 WSSI 发送给高层进行审查之前，以比采购员和产品经理（或需求计划员）更高的层级对 WSSI 进行审查。WSSI 可以让企业高层从库存和销售的角度对已发生的事情进行定期、详细的观察，更重要的是，它使企业高层可以查看整个企业的销售和库存的前瞻性预测。这将赋予部门经理和企业高层可见性与控制权，以便他们制定相应的决策，从而推动业务朝着他们希望的方向发展。WSSI 还可以支持采购、供应链或商品规划团队的定价决策，例如，到底应该加快还是减慢获得销售收入的速度。WSSI 还可以为相关人员快速、明确地展示过去、现在和未来的预期绩效。

即使复杂的 IT 系统、大数据和非常昂贵的报告系统相继出现，WSSI 还是经受住了时间的考验，依然与绝大多数零售业息息相关。对任何规模的零售商来说，WSSI 都应该是关键的控制和计划文档。

采购限额和库存管理

OTB 管理是一种技术，它使企业能够实现其销售计划，同时又不会因库存占用太多资金而使现金流受到影响。如果库存占用了过多的资金，企业的盈利能力和现金流就会受到影响。企业不能一次性采购其需要的所有库存，以实现年初制定的年度销售预测，因为从现金流或仓储空间的角度来看，这是不切实际的。当使用 WSSI 在品类和部门层级进行控制时，OTB 系统是最有效的，企业可以借助该系统在品类层级上控制和管理库存。

OTB 管理始于可靠的销售和利润预测，它们可以确保企业获得能够满足销售所需的库存量。WSSI 可以显示该品类或部门是否会超出其 OTB。在 WSSI 中，OTB 为负表示超出了限额，OTB 为正表明允许更多的进货。产品经理或需求计划员可以更改订单中的进货数量、推迟已提交的订单或取消已提交的订单；他们也可以与采购员一起选择通过更改定价策略或开展促销的方式来消耗更多的库存，从而增加销量。

部门经理和企业高层通过 WSSI 能够判断哪些品类和部门预计会有负的

OTB。企业不应该在年初就确定 OTB，当然也不能在品类层级确定 OTB。由于销量和外部因素会随着时间的推移而影响需求，因此企业可能需要将更多的 OTB 分配给超出销售预算的品类，并取消业绩不佳的品类的 OTB。

在制定品类（部门）和总库存预算时，将所有预算都输入 WSSI 可以使管理层做出切合实际的库存预算。许多企业都会对总的库存预算设置一个期望值。企业可以按品类的比例为每个品类确定一个 OTB，从而使采购员和产品经理或需求计划员可以在不超出库存预算的前提下规划进货量以实现销售预算。

进货计划

对任何零售商来说，确保实施详细且周密的全年进货计划都是至关重要的。管理层需要判断需求的高峰和低谷，并相应地调整进货量。在一个周期内，预期销量增加就需要增加进货量；反之，预期销量降低就要减少进货量。通过使用 WSSI，产品经理或需求计划员可以注意到需求的变化，并能相应地控制进货量。WSSI 在支持进货方面至关重要。产品经理或需求计划员需要确保在正确的时间交付正确的产品。OTB 则确保库存量不会超出库存预算。

进货计划不仅可以确保企业获取正确数量的产品，也是实现交货计划的关键。仓库需要在交货之前规划空间和人力资源，而负责促销和销售的部门在交货之后将获得一定的利益。第 6 章将会详细介绍进货计划。

期末库存

期末库存在不同企业中有不同的名称，停产产品、滞销和过时产品及过季产品等都是指期末库存。期末库存是企业无法继续销售的库存。一个常见的例子是时装季结束时的库存。时装零售商都不希望在春季或夏季来临时有大量的冬季外套库存。如果期末库存得不到正确的处理或预防，将会对企业带来极大的危害。

期末库存通常是因为产品未达到预测销量或业务流程存在问题而造成的，这两个问题都可以轻松地解决。通过使用 WSSI，企业可以在品类或更高的层级上明确是否将出现期末库存问题，这可以通过实际销量与预测销量之间的差异及负的 OTB 得到验证。在产品线层级，正确地使用线卡和退出计划可以为产品经理或需求计划员提供指导，提示他们需要针对各 SKU 采取何种行动，以减少期末库存带来的风险。人们通常以期末库存占总库存的比例的形式报告期末库存情况。在大多数企业中，当期末库存占总库存的 10% 以上时，将会引起企业的重视。

因为需要通过大幅降价来处理期末库存，所以过多的期末库存可能导致利润降低；如果不处理期末库存，就可能会使库存预算增加，从而导致企业无法订购新产品和销量更高的产品。因此，这是一个需要持续监控的问题。

促销计划

促销通常被视为由营销主导的一个领域，在许多时候的确如此。如何向客户促销，如何在门店和线上进行促销，都由营销团队负责。但是，促销品和促销活动的产生都源于商业职能。目前学者们对促销策略和理论已经做了充分的研究，本书将从供应链和商品规划的视角来分析促销计划。

大多数零售商都会提前几周或几个月制订促销计划和促销日程。制订促销计划是一项跨职能的活动，需要细致地规划并了解各职能之间的依赖关系。

从消费者的角度来看，促销可能只是零售商将其吸引到门店或网站，以赚取更多利润的一种方式。在多数情况下，事实的确如此，但是，促销的动机可能是多种因素共同作用的结果：某产品库存过多，进行促销是减少库存的有效方法；某产品的新型号已经发布，推出促销活动可以加快旧型号的销售速度。从商品规划的角度来看，我们通常只关心促销如何影响销售速度。

如果预计促销活动将极大地提升销量，那么企业很可能需要在促销活动开始之前增加进货量。预测促销带来的销量是促销计划的一个基本要素。通过使用基础销量和历史促销信息，我们可以对促销带来的销量进行可靠的预测。但是，由于促销带来的波动性，销量预测可能会变得非常复杂。针对新产品的新促销活动的预测尤其困难，因为我们无法确定促销活动对销售速度的影响。消除预测复杂性的一种方法是使用类似的产品和促销机制来预测新产品的销量增幅。直觉在预测中发挥着很大的作用，许多产品经理或需求计划员使用直觉来猜测促销活动带来的销量增幅。但是，他们应该将直觉与数据和事实相结合，而不应该将前者作为预测销量的唯一方法。

在制订促销计划的过程中，经常被忽略的一个因素是同类产品的替代效应。例如，当一个“买一送一”单件装比一个双件装便宜时，就会出现替代效应。显然，在这种情况下，绝大多数客户会购买两个单件装，这就降低了双件装的销量。为了避免双件装积压，企业应该根据调整后的销量规划双件装的进货和分配。

在许多情况下，替代效应不会像上述例子那样强烈，而且其对不同行业的影响也不一样。在食品零售业中，由于不同的包装和尺寸组合，以及不同品牌产品的同质性，替代效应更加明显。如果没有相似的产品，或者某个产品具有特殊性，替代效应就会减弱。例如，橙色油漆的促销活动不会（显著）减少紫色油漆的销量，因为客户几乎不会改变他们的购买决定。

退出计划

退出计划是商品规划的一部分，但是因为新产品必须获得成功的重要性和压力，退出计划通常没有得到应有的关注和重视。退出计划是指某个产品或产品系列完全停止销售，或者销售速度大幅下降（受促销、季节性因素等影响）。有效的退出计划对所有零售商来说都非常重要。任何产品的生命周期都是有限的，即便是那些生命周期很长的产品，也终将在某个时间点需要进行包装升级或更新。零售商总是在不断地更新产品系列、更新包装并规划季节性产品系列，为了避免期末库存增加，它们需要制订退出计划。退出计划的作用是规划库存和销量，以便在新库存进入商店和仓库的时候用完商店和仓库中的库存，并避免降价或产生期末库存。但实际上，期末库存为零几乎是不可能实现的，除非销量很高并且可以持续很久，否则降价和产生期末库存一定会发生。通过现有的销量数据，产品经理或需求计划员能够预测现有产品何时售罄。在某些情况下，因销售速度太慢而产生了库存，此时就需要通过降价加快销售速度。通过提前计划，产品经理或需求计划员可以看到降价对利润和利润率的影响，还可以知道将产生多少期末库存，并可以开始计划如何处理期末库存。

供应商管理

供应商管理的重要性

随着遭受越来越严重的利润挤压，供应商承受的压力越来越大，零售商要求它们付出更多但它们得到的回报变得更少。这导致近年来供应商与零售商之间的关系变得越来越敌对。有效的供应商管理从供应链和商品规划的角度来看很重要，对整个企业来说也很重要。

供应商关系

建立有效的供应商关系对供应商和零售商都是有益的。然而，在大多数情况下，一方受益大于另一方。供应商关系的不同结果如下。

- 赢—输：供应条款有利于供应商，零售商输，最终获利减少。
- 输—赢：供应条款对零售商有利，这会导致供应商丧失盈利能力并有可能倒闭。
- 赢—赢：供应条款是互惠互利的，让双方都满意，并提升了双方的盈利能力。
- 输—输：不能达成一致，因此双方都输了。

通过建立紧密的关系，供应商和零售商可以实现双赢，而不是一输一赢。一输一赢的关系只能在短期内维系。理想的结果不是仅有一方受益，而是双方达成共识，共同努力以提升盈利能力，使双方都受益。

为了建立良好的工作关系，供应商与零售商之间必须共享信息。信息透明化可以使双方都能看到互惠互利的潜在机会。例如，供应商的期末库存过多，零售商发现这一点后，可以按照一定的折扣向供应商采购库存以开展促销。

供应商履约

供应商履约与供应链直接相关。供应商履约是高效的供应链不可或缺的组成部分。供应商的履约能力可以通过服务水平协议（Service Level Agreement，SLA）来衡量。例如，SLA 可以包含这样的条款：供应商的按时交货率应达到 98%。

SLA 还可以包含下列指标或内容：

- 完整交付（按要求的数量交付）；
- 差异数量（交付了错误的库存等）；
- 逾期订单（交付日期在订单规定的时间之后）；
- 交付说明（交付方式是否正确，在正确的托盘上，满足高度限制等）。

植入

有些供应商会将自己的员工安排到一些大型零售商的供应链中，这种做法被称为植入。这些员工同时使用零售商的系统和供应商的系统，主要在零售商的供应链职能中开展工作。显然，只有大型供应商才拥有相应的资源，也只有大型零售商才拥有足够大的规模和足够多的费用来支持植入。这是零售业的新趋势，而且越来越受欢迎。过去，企业不愿意对外透露任何信息，共享信息和提高信息透明度被视为一种错误的做法。但是，大量的企业现在已经意识到，通过与供应商开展合作，它们可以提高自身的绩效并能从供应商那里获得更高水平的服务。

本章小结

本章介绍了商品规划的细节。本章的主要内容如下：

- 订货；
- 前置时间的重要性和动态性；
- 最小订货量；
- 采购订单；
- 从商品规划的角度进行预测的基础知识；
- WSSI 管理及其计算的简要介绍；
- 采购限额和库存管理，包括进货计划和期末库存；
- 促销计划；
- 退出计划；
- 供应商管理。

第4章

分店商品规划

类似于商品规划，分店商品规划也源于时装零售业，由于库存和用于展示的产品需要不断更新，因此向门店分配库存时需要采取结构化和商业化的计划和执行方式。尽管这是一个行业标准术语和职能，但不同零售商对分店商品规划的责任和任务的划分差异很大。分店商品规划涵盖了视觉商品规划和空间规划的所有要素，并且可以指导门店的销售预测。

在企业中的角色

分店商品规划能确保高效的库存安排，是向所有门店分配库存的准则。分店商品规划极为专业，通常不同企业对分店商品规划所扮演的角色有不同的解释。分店商品规划通常涉及配送、分配和空间规划等，因此分店产品经理需要具备所有这些领域的知识及扎实的商务技能。分店商品规划中主要角色是分店产品经理，在非食品零售业中，他们与产品经理同等重要。在食品零售业中，尽管分店商品规划的原则基本保持不变，但分店商品规划通常包含商品规划流程，并且商品规划和分店商品规划会重叠在一起。这是因为食品的前置时间很短，分店产品经理需要按天预测门店需求，然后将其汇总到订单中。

熟练的分店产品经理非常稀缺，企业很难请到合适的分店产品经理。分店产品经理应具备高水平的数学能力、分析能力，以及对其他商业职能的充分理解。这些技能通常与分析师或财务职能相关。企业通常会配备助理产品经理和分配员来支持分店产品经理的工作。分店产品经理会定期与商品规划、零售、配送和采购部门进行沟通。分店产品经理通常会被分配不同的品类（就像产品经理或需求计划员一样）或某区域的门店，或两者皆有。由于与门店联系紧密，分店产品经理会定期与零售经理进行沟通。

随着企业的物流和供应链变得越来越精益和敏捷，分店商品规划在现代零售业中变得越来越重要。企业已经意识到，它们可以通过减少门店库存来释放现金，并通过有效的分店商品规划来保持同样的商品供应率。一些企业花费了数亿英镑购买最新的补货软件以支持分店商品规划，确保及时补货。

分级

门店分级是一个易于理解的逻辑过程。简单地说，门店等级是一组相似门店所具有的共同属性。该属性一般是数字属性，因为分级通常含有相对度量的意味。因此，我们经常看到门店按销售额或空间分组。我们可以将门店的等级与集群区分开来，后者是具有相同非数字属性（如门店类型、气候或位置等）的门店组。

在分店商品规划中，门店分级是一种有效的减少决策数量的方式。如果单独为每家门店制订计划，那么最终会发现若干门店组的计划很相似。因此，通过对门店进行分级，制订计划的过程会更有效率。

应该采用什么指标来进行门店分级呢？零售商通常将销售额作为门店分级的基础。这样一来，它们就可以将绩效差不多的门店分在一组。实际上，这些门店的产品系列也差不多。随着门店变得越来越复杂，零售商开始将空间纳入门店分级的考量因素。这通常会形成一个两级评价系统，每个销售等级中都有空间子等级。从表面上看，这似乎是一种合理的方法，并且它通常可以带来比根本不使用分级时更有效的计划。

在做产品分类决策时，企业主要决定哪些产品将在哪个时期进入哪家门店。第一个问题是应该发送多少产品给每家或每级门店。限制产品数量的主要因素不是销售速度，而是可供展示的空间。与制造业受限于生产能力一样，空间是门店的限制因素。如果我们要向众多门店发送相似的产品，那么按可供展示的空间大小进行分组比按销售额进行分组更加合适。当然，前提是要分级的门店有准确的空间记录，企业有适当的系统来保持记录准确并持续更新。企业可以将销量纳入补货系统，由该系统进行适当的补货。

需要着重了解的是，门店分级还可以应用于视觉商品规划，也就是将正确的产品（SKU）放在正确的门店中，并单独为补货的 SKU 进行分级。在现实中，两者应该没有什么区别。然而，总会出现门店很小但卖出去的东西却很多的情况，反之，很大的门店也可能卖出去的东西却很少。这些都不是理想的结果，但它们确实存在。在这种情况下，我们可以考虑降低产品分类的密度。如果这种情况很多，就可能要考虑在空间等级内按销售额来划分子等级。

在确定了分级的标准之后，我们还要确定等级。有四个因素会影响我们的决定，分别如下：

- 对选定指标来说是否有可用的数据；

- 在选定层级上是否有可用的系统来计算等级；
- 在选定层级上是否有可用的产品系列和分类计划系统来使用分级；
- 在选定层级上的交易系统执行计划的能力。

零售商通常在部门层级上进行分级，但是随着数据变得更易于获取，计划和交易系统变得越来越强大，越来越多的人开始在品类层级进行分组。

随之而来的问题是，如何确定不同等级之间的断点？常用的方法有以下三种：

- 等分法；
- 指数增长法；
- 统计偏差法。

顾名思义，等分法将以均匀的间隔创建断点。例如，对于一家拥有 17~90 个空间单位和 10 个等级的门店，可以每 9 个空间单位设置 1 个断点。这种方法虽然易于实现和理解，但是往往会产生空间小的门店之间区分不足、空间大的门店之间区分过度的问题。例如，一家拥有 80 个空间单位的门店与一家拥有 90 个空间单位的门店的产品陈列非常相似；但是，一家拥有 10 个空间单位的门店与一家拥有 20 个空间单位的门店的产品陈列则差异很大。指数增长法是通过将等级之间差异的比例保持恒定的方法来分级的，在图 4.1 中，每个等级的空间单位是下一等级的 1.18 倍。这种方法更加复杂，但它的优势在于较低等级之间的差距较小，较高等级之间的差距较大。统计偏差法使用假定的空间分布来创建等级，图 4.1 中的示例使用正态分布（钟形）创建断点。这种方法的主要局限性在于空间分布不会是正态的，因此基于正态分布曲线确定断点的做法从本质上来说是“错误”的。但是，这种方法往往能构建分布更均匀的等级。我们还可以根据实际分布创建断点，但这种方法并不适用于缺乏决断的人。

	等分法		指数增长法		统计偏差法	
	空间等级	门店数量	空间等级	门店数量	空间等级	门店数量
A 级	81	9	76	15	74	21
B 级	72	25	64	61	67	39
C 级	63	50	54	71	62	24
D 级	54	63	45	44	58	35
E 级	45	44	38	22	54	23
F 级	36	46	32	31	50	18
G 级	27	12	27	5	46	19
H 级	18	12	22	5	41	22
I 级	9	1	18	7	34	37
J 级	0	0	15	1	0	24

图 4.1　分级示例

图 4.1 展示了使用这三种方法对样本数据集创建的断点，以及每种方法在每个空间等级中产生的门店数量。

那么，我们应该如何处理这些等级呢？一旦创建了空间等级，我们就要确定每个等级的门店有多少种有效的商品规划方案。我们通常可以通过计算可用的展示单位数量、每个空间单位的平均展示密度和每个方案的平均展示单位数量来完成这项工作，如图 4.2 所示。

某品类	A 级	B 级	C 级
门店数量	40	60	80
总的空间单位数量	1 200	1 500	1 600
每个门店的空间单位数量	30	25	20
每个空间单位的展示单位数量	6	6	6
展示单位数量合计	180	150	120
每种型号的展示单位数量	6	6	6
各型号颜色种类	30	25	20

图 4.2　分级标准

这并不是说制订关于方案数量的决策时仅靠数值计算就够了，而是我们必须确保关于数量的决策受到现实的约束。一旦我们做到了这一点，就可以为一个等级分配合适的方案。

这里有一个营销上的悖论：要想成为高效的多元化零售商，就必须考虑门店属性的不同特征（如人口和气候等）；然而，要想在资源有限的情况下制订有效的计划，就只能在分级的基础上对产品进行分类。

有一种应对方式是利用门店属性（如市中心、大都市年轻人、温和的气候等）在某个等级内创建集群。但是如果这样做，就会直接导致与计划相关的决策数量激增。假设有 10 个空间等级和 5 个属性集群，就可能要创建 50 个库存组合。如果有 200 家门店，那么每个集群平均只有 4 家门店。就算不是所有潜在的集群都有匹配的门店，但这依旧不是一个有效的计划。

最有效的应对措施是在分级的基础上规划模块化的产品组合，将其分解为门店层级的计划，然后对那些在分级过程中出现异常值的门店单独划分类别。这样一来，我们就可以在充分考虑门店最重要的个性化需求的同时最大限度地提高计划的有效性。

推式补货和拉式补货

门店可以采用推式补货、拉式补货或混合补货等补货方式。推式补货是指分配员主动将库存推送到门店来补货。拉式补货是指分店产品经理主动拉动库存为门店补货，通常采用最小值或最大值系统。

实际上，大多数企业采用混合补货方式，即推送一些库存并主动补充一些库存。尽管大多数企业采用混合补货方式，但混合补货方式之间也可能存在较大的差异，并且改变推动与拉动的比例常常有助于解决或预防某些问题。如果企业采用拉式补货的比例较高，就有可能在销售高峰到来之前没有分配足够的库存，或者有可能在销售低谷到来时没能减少库存分配，从而导致库存过剩。如果企业采用推式补货的比例更高，就需要大量的人力资源来管理这项业务。两者的比例也可以由人来决定，而不是完全由系统根据纯数学逻辑确定。当然，结果是好是坏不得而知。

总而言之，拉式系统是一个自动化系统，需要良好的软件支持和不断对其进行优化的分店产品经理。除非这些系统非常完善且维护得当，否则风险会伴随着未知需求（如新的 SKU 等）或不稳定的销售活动（如促销、季节性活动等）而不断产生。推式系统非常耗费资源，而且正确的需求预测依赖于分店产品经理和分配员的技能。混合补货方式更具灵活性，企业可以在必要时采用推式补货，而在销售波动较小时利用一个好的自动化系统进行拉式补货。

库存分配

库存分配是一项基本任务，通常是在供应链或商品规划团队开始工作时要学习的第一件事。进入供应链和商品规划团队的大多数员工都从分配员干起，他们负责将库存分配给门店。尽管库存分配通常是一项单调乏味的任务，但它非常重要，它能让该行业的新人理解供应链的基本原则。

根据系统和行业的不同，库存分配可能是完全手动的，也可能是带有提示的半自动的。简单的库存分配表如图 4.3 所示。

SKU：1801854　　W/H：712　　包：4
350 克奶酪　　库存：88

门店	1	2	3	4	5	6	7
销量	4	6	5	10	2	0	4
EOD 库存量	6	4	2	3	5	2	0
分配	8	8	8	12	4	0	8

门店	8	9	10	11	12	13	14
销量	3	11	9	7	3	3	8
EOD 库存量	5	20	9	2	12	4	22
分配	4	8	8	12	0	8	0

图 4.3　简单的库存分配表

“SKU：1801854”是 SKU 代码（或产品代码）。这是该 SKU 的唯一标识符，代码下方给出了关于该 SKU 的说明。

“W/H：712”是库房编号。

“包：4”是此产品的包装（或箱）尺寸。在某些行业中，通常只装运整箱的产品，而不装运单件产品，这时主要通过货箱进行装运。由于货箱不用拆解，配送成本降低了，同时这也使门店的工作人员更容易展示整箱产品（如果整箱产品可以直接上架）。

库存：可分配的库存量。

门店：门店编号。

销量：门店前一个交易日该 SKU 的销量。

EOD 库存量：前一个交易日结束（End Of the Day，EOD）时，门店中该 SKU 的库存量。

分配：分配员手动输入的要分配的量。在本例中，分配员浏览分配表，并输入他们想要分配的产品。我们看门店 1，该门店该 SKU 前一个交易日的销量为 4 个，该 SKU 的 EOD 库存量为 6 个。假设分配的产品在明天开店前到达门店，并且今天的销量与前一个交易日一样，那么分配 8 个产品正确吗？如果销售情况相同，那么今天门店将再销售 4 个，到今天结束时将剩下 2 个。然后，该门店明天将收到 8 个，库存量增加到 10 个，再减去明天的销量 4 个，这样该门店在明天结束时库存量为 6 个。这个分配量是足够的，但是，为什么在本例中分配员不分配额外的数量以防销量增加呢？这是因为可供分配的库存量只有 88 个，因此分配员必须在所有门店之间精心分配，这样才能确保所有门店都有足够的库存来销售。

这只是一个非常简单的分配示例，现实中往往还有更多需要考虑的因素。下一次交货的时间和数量是重要的因素，因为如果在库存耗尽之前供应商还没有交货，分配员就必须尽可能公平地分配库存，好让库存维持得更久。分配员必须考虑各门店的销量增加或减少。例如，附近的竞争对手可能已经关门，这意味着该门店中该 SKU 的销售潜力会增加，此时分配员就不能再使用过去的历史记录，而必须根据预期的销量增长来增加分配量。从库存分配到门店收货的前置时间也是一个重要因素。如果分配的产品需要 4 天才能到店，那么分配只够销售一两天的库存是不够的。

总而言之，库存分配是为了确保门店有足够的库存来满足销售潜力，同时又不会给门店增加不必要的库存，导致库存过多。

基本补货系统

拥有大量 SKU 和众多门店的零售商需要一个自动补货系统。每天向数百家门店分配数千个 SKU 所需的大量人力使得自动补货系统在这种零售环境中至关重要。

自动补货通常由系统控制，该系统会计算各 SKU 和各门店的最低库存需求及最大库存需求（最小值 / 最大值）。一旦门店的库存量低于最小值，系统就会重新订货，直至达到最高水平（最大值）。例如，假设一个 SKU 的库存量为 3 个，最小值为 4 个，最大值为 8 个，则系统将为该门店创建订货量为 5 个的订单。

自动补货系统使用算法来更改订货数量，以保持 SKU 的库存水平。该系统的成功通常取决于提供给系统的信息及销售预测的准确性。有关基本算法的一个例子是，基于最近 4 周的平均销量确定最小值或最大值，即保持最少 1 周的库存和最多 2 周的库存。示例如下。

SKU：18015108　门店：184

最近 4 周的销量 = 11

最近 3 周的销量 = 9

最近 2 周的销量 = 12

最近 1 周的销量 = 8

周平均销量是 10 [（11 + 9 + 12 + 8）÷ 4 = 10]，因此最小值为 10，最大值为 20。

假设上例中的门店每周补货 3 次，第 1 天为第 3 天制订补货计划，则最低库存量为 10 似乎已经足够。但是，该算法没有考虑销售潜力。以下示例展示了如何考虑销售潜力。

SKU：18015108　门店：184

最近 4 周的销量 = 4

最近 3 周的销量 = 6

最近 2 周的销量 = 14

最近 1 周的销量 = 26

在这个例子中，周平均销量仍为 10［（4 + 6 + 14 + 26）÷ 4=10］。不过，从最近 4 周来看，销量已经有了很大的增长，尤其是最近 2 周。这意味着将最小值设置为 10、将最大值设置为 20 不合理，可能会导致缺货。有以下几种方法可以解决这个问题。一种方法是更改算法以提高最小值和最大值，但这有可能导致库存积压。另一种方法是更改系统回溯的周数，即使系统仅回溯 1 周，周与周之间（如第 3 周与第 2 周）的差异也可能很大。还有一种方法是使用加权平均法计算需求量。加权平均值强调的是最近的一段时间，但仍包括了较长的一段时间。下面的例子说明了如何运用加权平均法。

SKU：18015108　门店：184

（权重为 1）最近 4 周的销量 = 4

（权重为 2）最近 3 周的销量 = 6

（权重为 3）最近 2 周的销量 = 14

（权重为 4）最近 1 周的销量 = 26

加权平均值的计算方法如下：

（Σ 权重 × 销售）÷ 权重总和

$$1 \times 4 + 2 \times 6 + 3 \times 14 + 4 \times 26 = 162$$

$$1 + 2 + 3 + 4 = 10$$

$$162 \div 10 = 16.2$$

加权平均值为 16.2，取整后得出的最小值和最大值为 16 和 32。

如果补货周期相同，那么这个库存水平应该是足够的，但是在这种情况下库存会很紧张。如果 SKU 的销售速度不断加快，并以更快的速度增长，那么即使使用加权平均法，该系统也总是处于追赶销量增长的状态，这时有三个备选方案。

方案 1：为差异性较大的需求分配库存。

方案 2：引入复杂补货系统。

方案 3：让补货系统根据人工输入的远期预测计算库存需求。

方案 1 要求补货系统突出显示需求差异性较大的所有 SKU，这通常被称为异常管理（若每周要销售的 SKU 的数量相同，则无需人工干预）。此方案需要企业配备更多的分配员，而有些企业可能没有这么多的人力资源。

方案 2 需要大量的投资。基本补货系统可以由企业的 IT 开发人员自行开发，也可以向软件供应商购买。即使是购买基本补货系统，也可能需要花费几万英镑到几十万英镑；至于最好、最复杂的补货系统，则需要花费数百万英镑，收回投资成本可能需要很多年。这些系统还存在另一个问题，就像一级方程式赛车一样，它们需要专家不断地维护和优化。通常只有拥有大量产品和门店的大型零售商才会使用这些系统。

方案 3 允许系统根据销售预测进行补货。从理论上讲，我们应该避免让需求高峰和低谷成为一个问题。但是，所有这些都取决于预测的准确性，毕竟这些预测是由用户输入的。在更复杂的系统中，补货基于计算机生成的远期预测，该预测是根据许多变量（如季节性、趋势等）计算得出的。远期预测最好与基于异常管理的系统结合使用，该系统会提示用户查看与预测存在较大差异的销售情况。

目前这三种方案在企业中都得到了应用，在某些情况下，它们会被组合起来使用。由于每家零售商都不同、每家门店都不同、每个 SKU 都不同、同一 SKU 在不同门店中的销售情况也不同，所以并不存在一个“一刀切”的适用于所有的零售商的标准系统和方法。零售商必须通过实践，根据自己的资源和要求定制适合自己的最佳解决方案。

复杂补货系统

补货和预测系统可能非常昂贵，但它们可以为企业及其供应链带来巨大的收益。价格昂贵的系统可以满足企业的各种业务需求，好的系统是那些可以完全集成到企业资源计划（Enterprise Resource Planning，ERP）系统中的系统。ERP 系统是一种业务流程管理软件，它允许企业使用集成系统来管理业务并自动执行后台功能。借助于 ERP 系统集成的补货和预测系统，我们可以轻松地在应用程序之间传输数据，还可以使优化和维护变得更加方便。昂贵且复杂的系统仅适用于拥有大量门店、SKU 和较高收入的大型零售商，否则零售商可能根本看不到投资回报。显然，一个只有 400 个 SKU 和 6 家门店的连锁零售商无法从价值 2 亿英镑的完全集成的预测和补货系统中收回成本。因此，使用这类系统的零售商的数量是很有限的，通常只有收入超过 10 亿英镑的超市、大型连锁 DIY 商店及其他零售商才是这些系统的用户。

这些系统与基本的最小值或最大值系统的不同之处在于，它们内置了大量复杂的算法。这些系统能够计算大量的数据和变量，从而准确预测未来的需求并提供图表，还可以考虑季节性因素，以便制订更长期的计划。用户也能够操控这些预测及用于驱动订货和补货的参数。这些算法是复杂且动态的，它们能够应对需求的高峰和低谷，并不断地进行调整。这使需求预测的颗粒度能够变得更细，即可以按 SKU、天、门店进行预测，然后将其汇总到订货需求中去。补货将采用相同的方法进行。这一切听起来非常美好，理论上这些系统可以在没有任何人为干预的情况下订货和补货。然而，实际情况并非如此，驱动系统决策的企业策略和参数仍然需要由人来设置，因此，这些系统的成功仍然取决于人。这些系统需要改变供应链和商品规划的职能基础和结构，在处理这些系统时，理解分析、数据处理和数学计算尤为重要。

企业需要一个系统管理团队来确保系统的平稳运行，并且需要一名供应链开发专家不断地更新和优化系统。一旦部署，简单的系统就可以自行运转起来，但是这些复杂的系统仍需要人们不断地予以关注。

促销计划

从分店商品规划的角度来看，促销计划可以确保门店有足够的库存来实现促销预测，同时减少相互竞争的产品线的补货量。

由于数据输入具有一定的主观性，我们很难准确地预测销量提升和同类产品竞争。因此，做出任何促销预测时，我们首先要做就是要查看历史记录。许多促销活动都是类似的，在这种情况下，最好的起点就是查看先前促销活动的执行情况。完全按照之前的促销活动进行库存分配和预测并不是最佳实践。最好的做法是先了解是否有出现任何问题的可能性，一旦出现问题，就要以正确的判断来替代数据。如果一家门店一周内售出了 10 件产品，并在周三出现了缺货，就说明该门店拥有更大的销售潜力。为了使这种方法有效地发挥作用，在回顾历史数据时要做好文字说明和保存记录，因为数据只能说明一部分情况。

销量增加可能会让库存计划变得更加复杂。正如前文所述，每家门店的销量是不同的。分店产品经理必须考虑基础销量（促销之前的销量），并使用预测的促销销量计算出促销活动开始之前每家门店所需的库存量。如果所有门店的销量完全相同，则可以使用以下例子所示的方法。

假设某零售商有 100 家门店，SKU 是一次性采购（买入）的，每周每家门店的基础销量为 10 个，预测的总促销销量为每周 2 000 个，促销期间每家门店每周将售出 20 个（2 000 除以 100）。

在这个例子中，分店产品经理需要确保各家门店的库存分配量和补货量足够，以应对整个促销期内每周 20 个的销量。这种方法通常适用于比较简单的情况。

仍以上述例子举例，某零售商有 100 家门店，预测的总促销销量为 2 000 个，基础销量为每周 1 000 个。假设（就像现实中一样）每家门店的销量不同，那么什么才是最佳的库存分配方式？如果按照统一的分配方式，每周分配给每家门店 20 个，就会使销量较低的门店出现库存积压，并导致销量较高的门店出现缺货。显然，我们需要在门店层级进行某种考量。在理想的情况下，我们应该对每家门店进行分析，了解每个 SKU 可能具有的销售潜力，然后根据每家门店的具体情况进行分配，这样每家门店就会得到不同数量的库存分配。如果零售商有一个非常庞大的团队，那么这种方式是可行的。然而，大多数零售商没有资源和时间来仔细考虑每次促销时每个 SKU 的库存分配和补货策略。为了解决这个问题，许多零售商会在对门店分级后再分配库存。这种方法考虑了不同类型的门店及其运营情况，按门店等级而不是按单家门店分配库存的做法可以节约分配时间。

自动化软件可以自动分配库存，并根据门店的具体情况修改最小值或最大值。这种方法基于总的促销预测，也可以节省时间。然而，自动化软件并不具备可以为促销产品库存分配增加实际价值的商业嗅觉或直觉。自动化软件的另一个缺点是大多数系统无法处理同类产品竞争。从本质上说，同类产品竞争是相当主观的，除非有类似促销活动的历史数据，否则很难判断同类产品竞争会对同类产品的销售产生什么影响。假设有两种巧克力棒，其中一种价格为 1 英镑，促销价格是 50 便士，此时另一种价格为 60 便士的巧克力棒的销量会受到很大的影响，后者的销量可能会比正常水平低 90%。假设单块装巧克力平时每周销售 100 个，在两块装巧克力促销期间，单块装巧克力的销量可能降至每周 10 个，即销量减少 90%。这只是一个简单的例子，如果还有另外 4 种不同的巧克力，那么这些巧克力还会受到哪些同类产品竞争因素的影响呢？这取决于许多因素。如果促销的是黑巧克力，而其他巧克力都是牛奶巧克力，那么同类产品竞争可能不会那么激烈。如果促销的是由一块焦糖巧克力和一块牛奶巧克力组成的两块装巧克力，而另外 4 种单块装巧克力中有 2 种是焦糖巧克力、有 2 种是牛奶巧克力，那么这 4 种巧克力显然都会受到同类产品竞争的影响，而且很难判断影响程度有多大。

总之，为分店商品规划制订促销计划的关键是先查看历史数据。即使促销机制和 SKU 不同，之前也很可能有过类似的活动，始终要考虑同类产品竞争的影响。最后记住一点，促销很少能够带来全方位的增长。

视觉商品规划

补货和库存分配并非分店商品规划的全部。在许多企业中，分店商品规划还包括视觉商品规划。视觉商品规划是一门科学，即通过对店内产品进行分类确保产品有正确的包装，同时确保产品以一种有吸引力且合乎逻辑的方式陈列在门店中。视觉商品规划有时也被称为空间规划，在某些情况下可能是分店商品规划职能下属的独立部门。视觉商品规划的基本职能是确定每家门店的品类有哪些、产品陈列在哪里。视觉商品规划可以确保产品包装在符合适当的视觉陈列标准的同时，最大限度地发挥产品的销售潜力。

门店补货量和最小可信展示数量

门店补货量是指补货系统为门店补货所能达到的库存水平。在最小值或最大值系统中，门店补货量被定义为最高值的总和。

最小可信展示数量（Minimum Credible Display Quantity，MCDQ）是指一个 SKU 在门店中的最低库存量。它通常是由该 SKU 在门店中陈列位置的数量、陈列的数量、产品所处的位置，以及为吸引人所需展示的数量决定的。MCDQ 不应该是一个随销量和补货量而变化的动态数字，而应该始终是门店里各 SKU 的最低库存水平，这通常是在货位图上通过空间规划进行设置的。对许多 SKU 来说，MCDQ 与最低库存水平是不同的，因为最低库存水平是动态的，随着销量的波动而变化，以便保持一定的库存。

了解 MCDQ 和门店补货量对管理补货和库存水平来说是很重要的。图 4.4 展示了 MCDQ 和门店补货量对库存量的影响。左边的例子表示需要更多的库存，并且需要达到更高的库存量，以便持续补货至 MCDQ。在本例中，较高的 MCDQ 能提供更高的安全库存水平，从而更好地保证供应率。右边的例子减少了库存量，但也增加了供应率出现问题的风险。

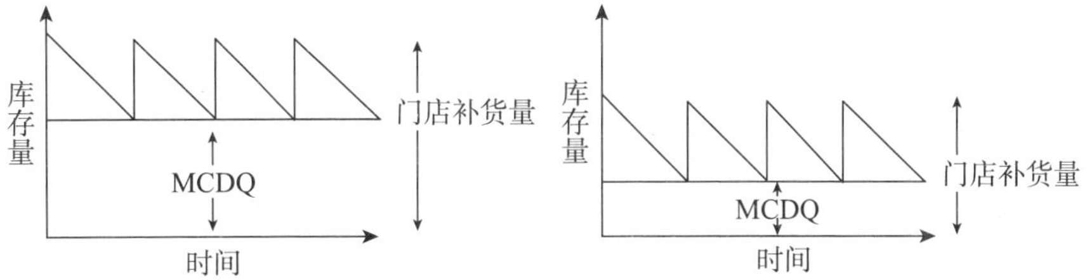

图 4.4　MCDQ 和门店补货量对库存量的影响

在确定 MCDQ 之前，考虑产品的销售速度和销售状况是很重要的。例如，如果一个SKU分布在100家门店中，每周的总销量为100个，但需要将它陈列在门店中占用20个产品空间的促销区域，那么这将导致非常不健康的库存状况：

20个的MCDQ×100家门店=2 000个的MCDQ总需求

每周总销量为100个，而MCDQ为2 000个，库存周数为20周。在绝大多数企业中，这个周数太长了，最终会导致产生期末库存。

如果产品销售速度快且销量很高，那么存在不经济MCDQ的风险将会很低。但是，拥有大量销售速度缓慢的SKU的企业必须考虑MCDQ和门店补货量。

货位图

货位图是一种示意图，它展示了SKU应如何放置在货架或展示区域的什么位置，目的是通过有效的产品摆放将销售潜力最大化。货位图通常适用于货架或仓位（这些术语表示门店中的固定设施）。6米长的仓位可能会被分成几个1.5米长的货架，每个货架都有一个独立的货位图。

货位图通常由空间规划人员绘制，并由采购员、产品经理和分店产品经理提供输入信息。通过分析过去和当前的销售模式，空间规划人员可以针对某种产品在零售展示中应有的陈列数量提出合理的建议。货位图将记录需要展示的产品在货架上的高低位置，以及周围应该放哪些产品。将生成的货位图上传到中央文件夹后，各个部门都可以访问货位图，并在需要时将其打印出来。在大多数情况下，门店零售团队会打印出货位图，并根据其中的变化对门店进行更新。货位图的作用是使大型门店网络中各家门店的展示方式保持一致。零售团队应该按照货位图陈列产品，因为产品预测和分配将基于以下假设：如果货位图中有某种产品，门店就会按照其说明展示该产品。

过去，货位图通常是手工绘制的，每幅图上标有尺寸并附有变体。如今，货位规划软件使空间规划人员能够快速绘制出货位图并检验不同的变体。这类软件有一个中央数据库，其中包含准确的 SKU 信息、重量和尺寸。

发货计划

发货计划非常重要，原因有二。第一个原因是准确的发货计划意味着物流部门可以高效地规划资源（物流角度下的发货计划和进货计划将在第 6 章中介绍）。第二个原因是，零售商为了完成销售计划，需要合适的库存来满足预期的需求。当进入销量较高的时期即所谓的高峰期时，零售商必须进行通常所说的“库存构建”。

图 4.5 是简单的库存构建示例。库存构建从第 2 周开始，但销售高峰期从第 6 周开始。那么，为什么不从第 6 周开始发更多的货呢？因为大多数物流部门都有一个在任何给定的一周内发货的最大数量。在本例中，发货的最高限额为 250 万英镑。已发出货物的价值可以很容易地转换成货运单元，仓库将使用这些货运单元制订自己的计划。

从分店商品规划的角度来看，了解物流能力和远期销售额预测对创建全面的发货计划是非常重要的。

	门店期初库存（英镑）	销售额预测（英镑）	已发货（英镑）	门店期末库存（英镑）
第 1 周	4 000 000	1 000 000	1 000 000	4 000 000
第 2 周	4 000 000	1 100 000	1 200 000	4 100 000
第 3 周	4 100 000	1 050 000	1 500 000	4 550 000
第 4 周	4 550 000	1 150 000	1 800 000	5 200 000
第 5 周	5 200 000	1 300 000	2 000 000	5 900 000
第 6 周	5 900 000	1 600 000	2 500 000	6 800 000
第 7 周	6 800 000	2 500 000	2 500 000	6 800 000
第 8 周	6 800 000	5 000 000	2 500 000	4 300 000
第 9 周	4 300 000	3 000 000	2 500 000	3 800 000
第 10 周	3 800 000	2 000 000	2 000 000	3 800 000

图 4.5　简单的库存构建示例

退出计划

正如第 3 章所述，退出计划是一种以最具成本效益的方式规划产品退市的过程。如果一种产品将要退出产品系列，不再进行销售，但仍有大量的库存，那么企业将不得不大幅降价以对该产品进行清仓处理，这会对利润率产生负面影响。分店产品经理需要与产品经理一起改变进货和发货数量，使产品能顺利退市。越早制订退出计划越好，对于前置时间长的产品，退出计划的时间范围应至少涵盖前置时间。实际上，除非产品的销量很高，否则产品在没有降价或期末库存的情况下彻底退市的情况非常罕见。

从分店商品规划的角度来看，退出计划的作用是在不影响供应率的情况下，将门店的库存水平尽可能降到最低。如果要推出一个全新的产品系列，那么目标是以尽可能少的库存推出新产品系列。一旦推出了新产品系列，旧产品系列便可以在清仓区或门店的其他位置进行销售。如果旧产品系列的库存周数很长，就必须对其进行降价处理或减记。

如果零售商不实施有效的退出计划，期末库存就会增加，而期末库存过多会影响其现金流和盈利能力。在大多数情况下，库存会随时间的推移而贬值，因此零售商最好的选择是尽快清仓。

本章小结

本章介绍了分店商品规划的细节。本章的主要内容如下：

- 分店商品规划在企业中扮演的角色；
- 门店分级及其实现方法；
- 推式补货和拉式补货；
- 向门店分配库存的方法；
- 基本补货系统及分店商品规划如何与之交互；
- 复杂补货系统及其带来的挑战；
- 从分店商品规划的角度制订促销计划；
- 视觉商品规划；
- 门店补货量和最小可信展示数量；
- 什么是货位图及如何使用它们；
- 发货计划；
- 从分店商品规划的角度制订退出计划。

第5章

采购与寻源

产品是所有零售商的核心，零售商可以通过采购活动完成对产品的寻源和购买。本章的主要内容不是采购职能及其运行方式，而是采购与商品规划和供应链之间的互动，以及它们如何共同运行、如何相互影响。对零售商来说，采购与商品规划可能是联系最密切的两个职能，每个职能的具体表现取决于两者之间的协作与沟通。

采购

在零售业的不同领域中，采购员所采用的采购方式略有不同，但他们的核心职责是相同的。无论是自有品牌还是副品牌，无论是英国供应的产品还是海外供应的产品，都需要由采购员进行采购。采购工作的主要内容是结合商品规划确定产品系列，以实现所有的财务目标。对时装零售业来说，一位成功的采购员应该具备把握未来流行趋势的天赋，并能及时将产品推向市场，以获得丰厚的利润。协调产品系列是一项细致的工作。初期的产品可能来自亚洲，但如果当季需求量不断增加，就需要从附近供应商（来自欧洲或北非地区）采购同类产品，所以采购员需要全面了解能够从哪里买到何种产品。产品设计可能需要花费数周的时间，在此期间供应商和零售商将围绕面料颜色、质量、尺寸规格、合身性、装饰和审批等问题进行持续沟通，这是确保产品设计按时完成的重要因素。有关成本价格的谈判是在订货阶段进行的，一位能干的时装采购员需要全面地了解服装制作的每个阶段、制作流程、面料价格、汇率、当地市场价格和规模经济等。如果一种产品成为畅销品，每节省一分钱的成本就相当于赚了成千上万英镑。例如，如果买方希望以 30 英镑的价格、60% 的利润率销售产品，买方需要支付的成本价格就是 12 英镑。如果买方成功地将成本价格降低了 50 便士，利润率就会升高到约 62%。此时，如果产品销量为 2 万件，额外的利润（假设 100% 全价销售）就能达到 1 万英镑。采购员经过一个财年的艰苦谈判，再加上其敏锐的商业眼光，将使企业得到更加可观的利润。

采购流程

传统的采购员在零售业中的作用是“击败”供应商，即采购员只关注如何获得最低的成本价格，完成最佳交易，而不考虑供应商的利益或两家企业之间的关系。现在，成功的采购部门和企业会采取不同的方法，其目标是形成互惠互利的战略联盟。由于企业与供应商分配的是同一块蛋糕，所以企业很快就意识到，从长远来看，双方不应该为分到的蛋糕的大小而争吵，而应该共同努力把蛋糕做大，这样双方才能受益更多。一流的采购部门依靠供应商提高质量、降低成本、协助进行产品设计和开发，并让供应商试着信任自己。采购是一个漫长而复杂的过程，通常要进行关键路径管理。根据行业和企业的不同，关键路径的长度和复杂性将发生变化，但最基本的采购流程是相同的。商品规划和供应链专业人员（尤其是产品经理）需要了解采购流程，并且在大多数情况下应该参与该流程。简单的采购流程如下：

（1）产品系列选择；

（2）供应商选择；

（3）合同谈判；

（4）合同管理。

产品系列选择

企业一般会定期审查产品系列。产品系列选择既可以严格地按照时间表进行，也可以根据产品类型、企业所在行业等因素针对市场变化做出灵活的调整。选择产品系列时，企业会制订大量的计划，但这与产品系列计划阶段的工作不同。产品系列选择只涉及产品，产品经理会提供一些输入，但这应该是最低限度的。这是采购工作最重要的组成部分，选择正确的产品系列是采购员及企业成功的关键。产品系列计划是指产品经理与采购员一起进行销售预测，明确计划销量，并结合分店商品规划一起选择更有效的门店分配方案。产品系列计划由商品规划部门负责，产品系列选择由采购部门负责。为每个品类选择合适的产品看似只是一项带有主观性的工作，采购员只是对某个特定产品有热销的“预感”；但实际上，采购员必须对市场做大量的分析，包括市场趋势和商业数据等，只有这样才能确保没有遗漏，从而做出正确的选择。完美的产品系列并不能通过数据清晰地展现出来，因此，采购员需要做决定，每一位采购员仍然需要根据主观判断选择正确的产品。大多数企业对产品系列选择都有一个审核流程，高层会对其进行查核并提供反馈。

供应商选择

对大多数零售商来说，首要问题是选择自有品牌产品还是品牌产品。有些行业和企业不需要考虑这个问题，它们只销售自己的产品。零售商寻找外部供应商时，有以下三种基本选择。

- 多源采购：某产品有多家供应商，零售商决定使用多家供应商。如果零售商不希望面临缺货，多源采购就会变得非常重要，因为多家供应商增加了零售商持有库存的可能性。如果产品有多家供应商，零售商就会与“首选”供应商签订合同，并通常会承诺每年的采购额。从理论上讲，供应商之间的竞争能够为零售商带来更好的交易，但实际上，这可能会导致零售商与供应商产生敌对关系。
- 单源采购：某产品有多家供应商，但零售商只从中选择一家供应商。这种独家交易意味着长期合作，并会促使买卖双方建立伙伴关系。双方都需要信任对方并承担很多的责任，这将使双方为达成更好的合作而共同努力。
- 唯一来源采购：该产品只能从某家供应商获得。专业品牌产品往往就是这种情况。在这种情况下，合作关系可能取决于零售商的规模。如果零售商的采购额占供应商总销售额的很大一部分，零售商就有更多的谈判筹码；但如果零售商的采购额只占供应商总销售额的一小部分，供应商就掌握着更多的话语权，零售商在谈判时会更加艰难。

合同谈判

合同谈判是采购流程中的战场。强硬的采购员与供应商展开激烈的交锋，最后敲定一笔有利于己方的好交易——这种老套的观点并不是现实，尽管它经常会变成这样。谈判是一种技能，需要的不只是厚脸皮和咄咄逼人的姿态。

好的交易取决于细节、分析能力、商业头脑和沟通技巧。许多企业的采购部门会花费数万英镑让采购员学习谈判课程，因为每降低 1% 的成本，都可能会带来高于培训费 100 倍的收益。零售业随着技术和数据可见性的发展而变得越来越复杂，谈判不仅仅是为了商定最佳成本价格。近年来，各零售商已经引入了不同的激励机制和指标。

供应商的激励措施

供应商向零售商提供了大量的激励措施，而不仅仅是单纯地降低成本价格。其中一些介绍如下。

- 销售折让（Sales Out Allowance，SOA）：供应商针对每一笔销售向零售商提供折让。这种机制通常用于支持产品促销。你在大街上看到的几乎所有促销活动都不是零售商出于慷慨而资助的，而是由供应商资助的。例如，供应商可以在特定的时间段内为特定的产品提供每件 5 英镑的 SOA。促销活动结束后，零售商将依据销售数量乘以商定的折让金额的结果向供应商开具 SOA 通知单。
- 回扣：回扣可以用某段时间内（通常是一年内）的总现金支出或销量计算得出，一般以总支出百分比的形式表示。例如，如果零售商总支出超过 100 万英镑，那么供应商将向零售商返回总支出的 1%。回扣也可以用现金金额的形式表示。

- 营销费用：为了宣传供应商的产品，供应商可以向零售商提供一笔现金，以资助其开展营销活动。
- 空间承诺：为了确保产品在门店中拥有专属的展示空间，零售商可以“销售”门店中的某个区域，以便供应商获得独家展示空间。这里的区域通常指门店中的一整个货架或一个促销专区。

当然，实际上有数百种不同的激励措施组合，但上述几种是比较常用的。

合同管理

一旦完成了艰苦的谈判并开始销售产品，零售商就必须对合同本身及与之相关的供应商绩效进行管理和衡量，而商品规划和供应链有助于确保交付达成率和绩效。供应商有义务履行合同条款，如果它们不履行，那么零售商通常会对供应商施加惩罚。销售损失、运营费和管理费等都是合同中可能包含的惩罚措施。

品牌产品

在采购品牌产品这个方面，买卖双方的角色会稍有不同。采购员将从成品中进行选择，并尝试确定该品牌的产品系列中的哪些元素最符合自身战略。采购员总会对品牌方说他们的门店很适合销售该品牌产品。品牌诚信是买方选择合作伙伴时的关键驱动因素。因此，在采购品牌产品时，采购员对产品的关注与谈判技巧同样重要。

自有品牌

采购员应该对自家的工厂有一定的了解，并要访问工厂以确定这些工厂清洁、高效并符合健康和安全标准及相关的规定。这需要采购员进行大量的出国旅行——并不是在世界各大城市购物，而是进行数次为期几周的实地调研。这可能会给采购员带来精神和身体上的压力，因此良好的身体素质和韧性往往是成为优秀采购员的先决条件。

根据企业所选择的运营模式，产品可以直接从工厂采购，也可以通过代理商购买。一些较大的企业在亚洲设有采购办公室，并会花费大量的时间寻找新产品和工厂。采购员直接去工厂考察会面临很多问题，包括语言障碍、无法快速处理事务及因距离过远无法及时沟通等。使用代理商可以大大降低这种风险，代理商会从买方所下订单的金额中抽取一小部分作为报酬，或者向工厂收取佣金。代理商会经常去工厂处理可能出现的问题，因为它们得到了相应的报酬。代理商也可以自己投资工厂，这样做可以增加买方对代理商按时交付订单的信心。

不同行业的采购

在非时装领域，采购的方式会略有不同。对于一般产品、高价产品及超市，采购部门会有数学基础不错且专注于交易的采购员。他们采购的产品通常是成品，因此采购流程会有所不同。在采购的过程中，采购员更加注重交易、付款条件及基于采购数量的回扣或保证金。产品系列可能不会像服装那样频繁地变化，因此需要预先商定相关安排，如果产品销量达到一定的水平，供应商就会以回扣的形式提供折扣（在少数情况下，供应商可能会降低新订单的成本价格），这与商品规划有所不同。采购员需要花费大量的时间参加交易会、对竞争对手和市场进行调研，从而为采购部门提供可靠的信息和前瞻性规划。

采购与供应链

采购员与供应链职能的互动比其与商品规划职能的互动要少。采购员更关注产品，而把产品运到国内的运输工作（包括装箱、搬运等）则可以交给其他人去做，因为这样分工更高效、成本更低。一旦产品到达目的地，确保产品被送到仓库、安排好并有效地分配给各门店的任务就会被交给商品规划团队来完成。只有在出现问题（通常是质量问题）的情况下，采购员才会介入，他们会检查产品并尝试解决问题。

采购对零售企业的成功至关重要，它在任何企业中都占据着重要的地位，因为如果没有合适的产品，企业就不可能生存下去。无论在哪个行业，采购与商品规划的关系都应该是共生的，两者的核心技能、角色和职责基本相同。采购与供应链的关系则主要是功能性的，但也十分重要。就像所有相互联系的职能或部门一样，成功取决于沟通、信任和可靠性。

本章小结

本章介绍了采购职能及其与供应链和商品规划职能的互动。本章的主要内容如下：

- 采购概述；
- 采购流程；
- 自有品牌与品牌产品；
- 不同行业的采购；
- 采购与供应链。

第6章

物流

物流概述

作为一种职能和一个产业，物流几乎存在于从医疗到军事的所有类型的组织中。物流是在某些领域获得成功的最关键的因素。例如，在军队中，维持供应和调动部队是军事战略中最重要的因素。随着供应链管理的兴起，物流被视为供应链管理流程的一部分。物流职能主要负责计划、控制货物的有效流动，以及对货物进行储存和处理。物流职能的总体目标是减少所使用的资源，即在保持一定服务水平的同时降低成本。

物流是商业的一个细分领域，有大量的学术研究和文献。本章可以让读者了解物流的基础知识，以及物流如何与供应链和商品规划紧密相连。

物流管理中的一个重要理论是时间、成本和质量三角形。图 6.1 是对物流管理中时间、成本与质量之间的关系的简单展示。企业在制定业务目标时必须理解这一点：以低成本获得高质量、快速的服务是不可能实现的。如果企业的目标是将物流成本降低 50%，质量或时间就会受到影响。许多企业认为物流的目标是尽可能降低成本，同时提供可以接受的最低水平的服务。但是，物流其实应该通过提高效率来增加企业的价值。例如，企业通过缩短物流运营活动中取货和将货物运送到门店所需的时间，既可以有效地降低门店缺货的风险，又可以减少库存。

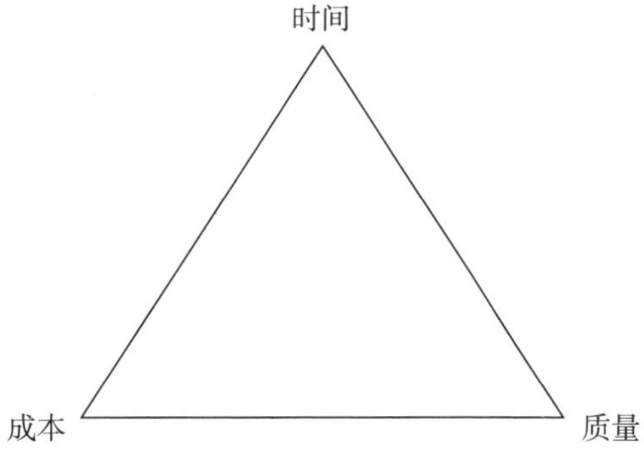

图 6.1　时间、成本和质量三角形

图 6.2 展示了最简单的零售物流模型：货物进入仓库，然后从仓库直接发往门店。这个模型很好、也很简单，因为货物只能从这一个仓库直接分配给门店。不过，大多数知名零售商不会使用这个模型。

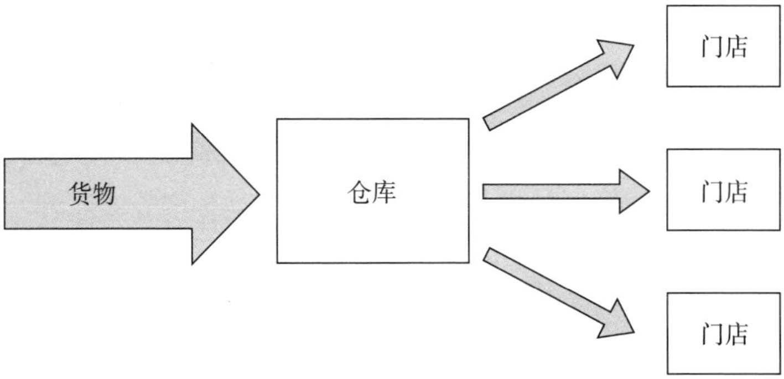

图 6.2　最简单的零售物流模型

图 6.3 展示了类似的模型，但增加了电子商务（网站）销售渠道。为了处理电子商务订单，企业需要创建单独的仓储和运输方案。

如果零售商的规模庞大且需要定期交货，那么一个仓库可能还不够。在这种情况下，零售商需要建立一个配送网络，由全国配送中心（National Distribution Center，NDC）向区域配送中心（Regional Distribution Center，RDC）提供服务，如图 6.4 所示。对某些零售商来说，有些货物可能直接交付给 RDC，有些则交付给 NDC。由于超市所售产品的性质，它们通常会有一个复杂的配送网络。有些产品必须在温度可控的环境中运输，因此一些超市拥有庞大复杂的供应链和由超过 50 个仓库构成的配送网络。

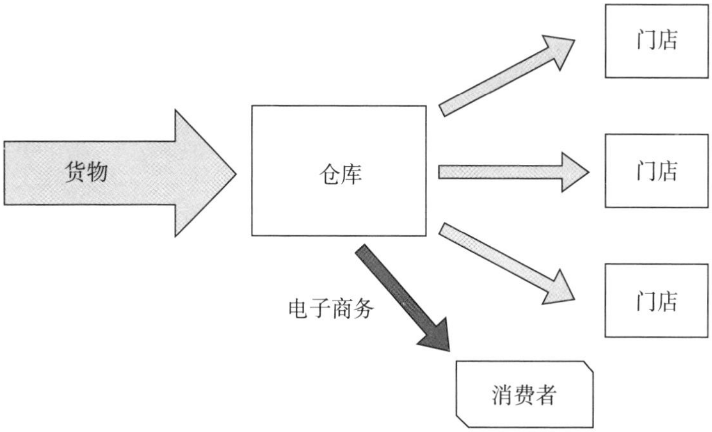

图 6.3 在最简单的零售物流模型中增加电子商务（网站）销售渠道

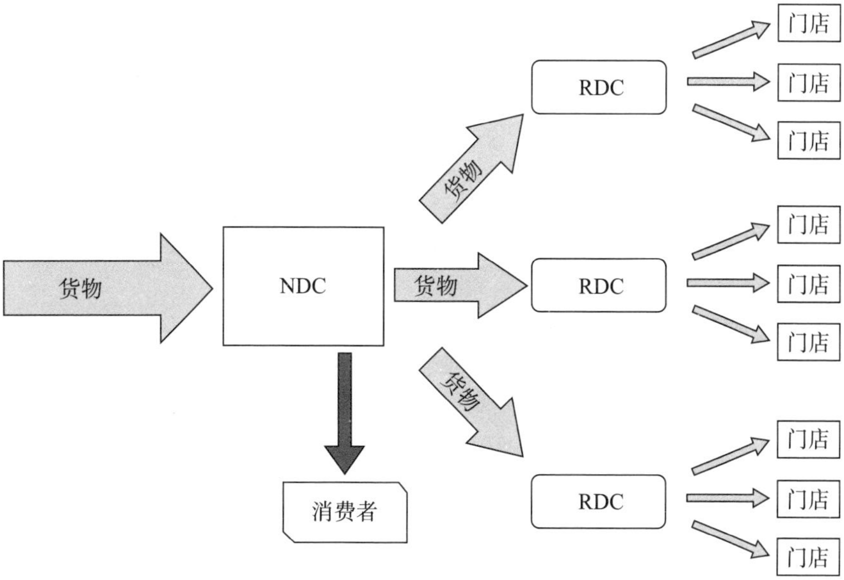

图 6.4 NDC 为 RDC 提供服务

为什么物流对供应链和商品规划十分重要

图 6.5 展示了每个职能在产品的流动过程中所处的位置。因为物流是进货和发货之间的桥梁，所以物流所发挥的作用将直接影响商品规划和供应链团队的绩效。物流职能需要通过商品规划和供应链团队提供的信息来提高工作效率和缩减非必要成本。与此同时，供应链和商品规划团队也依赖于物流职能为他们提供信息，以有效地开展工作。

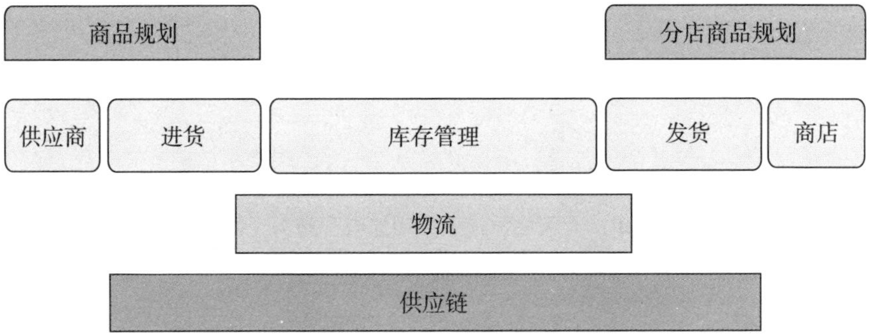

图 6.5　每个职能在产品的流动过程中所处的位置

仓储

零售物流中的仓库是用来接收、储存和准备货物以进行货物运输的建筑物。对于仓库，不同的企业使用不同的名称。仓库主要有以下一些名称：

- DC；
- RDC；

- NDC；
- 库房；
- 仓储中心；
- 仓库；
- 辐；
- 轴。

因为每个仓库的作用可能有所不同，所以其名称也有区别。在本节中，我们将探讨零售业标准的配送中心的运行方式。

图 6.6 展示了仓库的基本运营流程，该流程分为两步——入库和出库。入库包括收货和存放，出库包括拣货、检查、包装和装运。这些流程可以细分为以下活动：

- 收货；
- 识别货物；
- 存放货物；
- 储存货物；
- 拣货；
- 装运货物；
- 发货。

图 6.6 仓库的基本运营流程

图 6.7 展示了零售业整个仓储流程中典型的实体货物流向。收货小组负责完成收货操作，他们一般通过登记时间表来管理进货。有效的登记可以让收货小组根据预期的进货量来规划资源。当供应商收到 PO 时，一般也会收到一个规定的交付日期。

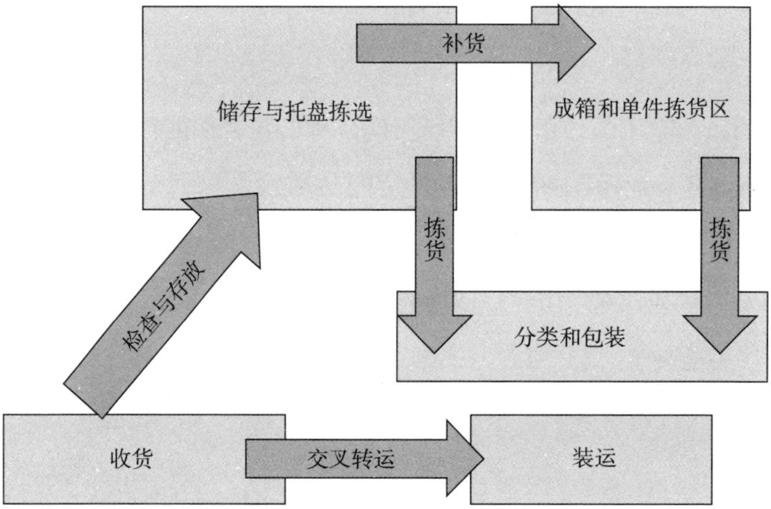

图 6.7　零售业整个仓储流程中典型的实体货物流

供应商会与收货小组中的登记人员联系，以预定时段。登记人员的任务是使进货尽可能平稳，以避免出现瓶颈、减缓运作速度。登记人员会给供应商一个编号，该编号与他们预定的时段有关。供应商的司机凭借此编号进入仓库。当供应商的司机到达收货区域时，卡车将被分配一个停靠站。卸货人员有一个规定的预期卸货时间。供应商通常将运输业务转包给第三方物流公司，这些第三方物流公司需要在同一天内向多家公司运送不同的货物。如果卸货人员没有足够的时间完成卸货，那么第三方物流公司可以决定提前离开仓库。卸货完成后，收货小组根据 PO 进行检查，以确保交付了正确的产品和数量。他们还会检查货物是否存在运输损坏或产品规格不符等情况，这就是对物流运营来说供应商合规如此重要的原因。如果他们发现货物与采购订单存在差异，就会直接影响整体效率。为了实现仓库高效运行，不应出现任何缺陷或问题。差异不利于库存的完整性，准确的库存信息对任何零售商来说都是至关重要的。所有的商品规划和供应链系统都离不开库存信息，如果库存信息有误，就会对整个企业产生负面影响。

收货成本约占仓库运营成本的 15%。当收到货物时，仓库工作人员将使用条形码识别 SKU，并在仓储管理系统（Warehouse Management System，WMS）中登记库存。一旦货物被准确识别并消除可能存在的任何差异，仓储流程的下一阶段就开始了，即货物存放流程。

货物存放流程非常简单。货物由卸货人员确认并登记后，由存放人员运至储存位置。“位置”是一个术语，指仓库中的指定区域。每个托盘都会有一个位置坐标。通常，这与该位置在仓库中的方位有关。大多数仓库使用编号或字母标记通道。图 6.8 从垂直角度展示了一个简单的通道示例。托盘到达后，仓库管理软件将为托盘分配位置。零售业中大多数仓库的库存周转速度很快，因此每次接收托盘时，其位置可能与以前的位置不同。

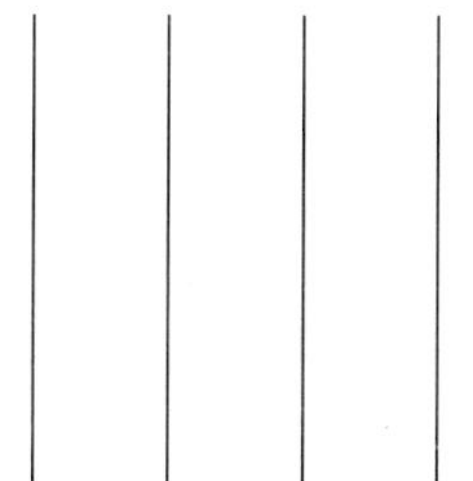

图 6.8　垂直角度的通道示例

图 6.9 从侧面角度展示了通道 A。在这种情况下，该位置结构的关键是字母，这里的 A 代表通道。字母 A 后的第 1 个数字代表垂直的列，第 2 个数

字代表水平的行。因此，位置 A12A 在通道第 2 列第 3 行。那么，图 6.9 中 X 的位置是什么？因为它在通道 A，所以应该以 A 开头；因为它在第 5 列，因此第 1 个数字为 4；因为它在第 3 行，所以它的第 2 个数字为 2，故其位置为 A42。WMS 将根据不同的变量高效地为托盘分配位置。如果该产品是畅销品，WMS 就会将其置于便于拣取的地方，以缩短补货到该位置的时间。

通道 A

A04									
A03						A63			
A02	A12			X					
A01	A11								
A00	A10	A20	A30						

图 6.9　侧面角度的通道 A

绝大多数货物都是放在托盘上进行交付的。标准英国木制托盘的尺寸为长 1 200 毫米、宽 1 000 毫米、高 162 毫米。仓库货架和运输工具的设计一般均基于标准托盘尺寸，货物是作为整体装载的一部分进行交付的。托盘分为几层，每层由纸板箱组成，纸板箱由内箱组成，内箱由 SKU 或装运箱组成。SKU 通常是以单件或包装单位进行拣取的。

拣货是指将产品从仓库搬到出库区域以进行包装和装运的流程。由于需要大量的劳动力，这是仓储流程中成本最高的部分，其成本通常占仓库运营成本的 50%。收到订单后，仓库会生成一个拣货清单以协调拣货。过去提供给拣货员的拣货清单一般是打印或手写的，现在所有拣货计划均由 WMS 处理。WMS 将生成一份拣货清单，因为移动占拣货总成本的 50%，所以该清单还会提供最短拣货路线，从而进一步提高效率。

拣货精度是拣货工作中重要的 KPI 之一。如果拣货精度低，门店收到的产品或产品数量不正确，就可能会导致供应链和商品规划方面的问题。目前，大多数拣货系统都会利用一些技术来提高拣货的准确性。例如，语音拣货技术可以通过头戴式耳机和麦克风确保拣货员到达正确的位置并拣选正确的产品。计算机会通过语音告诉拣货员要去的位置及拣取数量。拣货员到达该位置后，他们将读出该位置的校验码，麦克风会将声音传输到系统中。如果校验码正确，系统将接受并为拣货员提供下一个位置。该系统的优点在于拣货员不必随身携带纸张，拣货精度较高。该系统的缺点是，如果发生任何网络技术问题，系统就可能会出现长时间的停机，并且使用完全计算机化的系统会降低这一流程的人性化程度。语音拣货技术的另一个重要好处是它可以使用多种语言，毕竟很多拣货员来自不同的文化，可能使用各种语言。

拣货率是拣货工作中另一项重要的 KPI。拣货率是指在给定的时间范围内所拣选的货物数量，通常以每小时的拣货量进行衡量。拣货率会受到仓储部门的密切关注，因为较低的拣货率不利于降低运营成本。大部分拣货工作都是在托盘上完成的，但也有一些拣货工作使用防滚架。如果交付频繁且交付量较小，拣货员就可以使用防滚架。使用防滚架的好处在于它可以有效地提高拣货效率，并且拖车上可以放置的防滚架要多于托盘。

补货是仓储流程中拣货环节的一部分。补货是将库存从储存地点转移到拣货地点的流程。拣货位置被称为“拣选面”，储存位置被称为“批量”。如果没有有效的补货，拣货就无法进行，因为拣选面是空的。如果拣选面是空的，拣货员不会等待拣选面补货，他们将排除该产品，不再拣选。因为等待补货会增加成本，所以拣货人员会将其排除（但过多的排除会带来糟糕的完成率）。完成率是用订单中的数量与实际拣选的数量来衡量的。在零售业，这个指标一般应高于 99.5%。为了避免团队之间互相干扰，补货与拣货通常是分别进行的，这使得拣货和补货操作能够顺利进行。对周转速度较快的行业（如超市）来说，由于拣选面需要不断地重新填满，因此在拣货的同时也会进行补货。

包装和运输是仓储流程的最后阶段。根据行业的不同性质，产品包装可以非常简单，也可以非常复杂。最简单的包装操作是拣货员将箱子堆叠到托盘上，然后由出库人员将其打包并装到卡车上。如果产品是易碎品或运输时需要特殊包装，包装操作就会变得更加复杂。大多数托盘都是用一种类似于家用保鲜膜的塑料收缩薄膜包装的。高价值货物通常使用黑色收缩薄膜包装，以避免被窃。在电子商务行业中，因为每个客户的订单都必须进行包装并注明客户地址，所以其包装比为门店发货所需进行的包装要花费更多的劳动力和时间。

装运是将产品装到运输工具上以进行交付的流程。在仓储流程中，这是一个简单的流程，但需要保持高度的准确性。将货物装错卡车，最后货物被运送到另外一个地方，这样的事例并不罕见。装运由出库人员管理，他们将与运输人员紧密联系，以确保正确的货物被装到正确的卡车上。因为大多数门店的送货路线是固定的，所以不同门店的货物可以同时装运。当装载货物时，托盘或防滚架上最好贴上门店编号，这样做可以降低出错的风险。一旦装载完成，货物便进入运输状态，等待门店或客户接收。

物料搬运设备（Materials Handling Equipment，MHE）是仓库用来搬运货物的设备，其中最具代表性的就是叉车和托盘车。企业使用 MHE 的最终目的是在正确的地点和时间，以正确的顺序、位置、条件和成本，使用正确的方法提供正确数量的物料。使用 MHE 的好处是能在提高安全性的同时提高生产率。在物流领域，MHE 种类繁多。零售业的仓库通常有以下不同类型的 MHE。

- 手动托盘车：用于运送托盘的卡车。操作人员拉起卡车上的手柄就可以抬起或移动托盘。手动托盘车通常用于卸货、装载和拣货。手动托盘车的使用成本和维护费用都很低，但是在较长时间的运行后，操作人员容易感到疲劳。
- 机动托盘车：与手动托盘车非常相似，但使用电机来抬起或移动托盘。机动托盘车可以携带更重的货物，而且比手动托盘车速度更快。机动托盘车的缺点是比手动托盘车更贵，并且需要进行维护和充电。
- 低阶和高阶拣货机：类似于手动托盘车，但操作人员可以乘坐它们。拣货机分为低阶拣货机或高阶拣货机。低阶拣货机用于在仓库周围拣选、运输单托盘或双托盘。在某些情况下，它们可以向上延伸，这使拣货机可以到达货架的第一层。高阶拣货机可以延伸到货架的最高层，可以在任何位置进行拣货。拣货机通常适用于需要行驶较长距离进行拣货的大型仓库。拣货机的缺点是，与手动托盘车和机动托盘车相比，它们的成本高很多。
- 平衡重式叉车：这是一种最常见的用于操作托盘的叉车，主要用于卸货。在零售业物流中，它们通常只用于从侧帘拖车上卸货。它们的速度快、耐磨性强，但价格昂贵、转弯半径大、故障率高。
- 运货叉车：这种叉车仅用于在仓库通道中进行操作，其转弯半径小。这类叉车在零售业物流中很常见，用于存放货物和补货。它的缺点是需要在平滑、平整的地面上工作，而且与其他叉车相比价格昂贵。
- 自动导向车（Automated Guided Vehicle，AGV）：这是一种完全自动化的机器，可以通过预编程来完成任务。目前，AGV 还没有得到广泛使用，在零售业中也很少见。一些超市已经在拣货和装载牛奶等方面测试并使用 AGV。AGV 的明显缺点是灵活性很低，并且购买和维护费用非常昂贵。

除了 AGV，零售业的各类仓库大多都采用上面所列出的 MHE 的组合。虽然供应链和商品规划职能所制定的决策对 MHE 管理的影响很小，但这两个职能在制定可能影响物流运营的决策时考虑一下后果是值得推荐的做法。

WMS 是一种应用程序，它可以协助仓储部门进行仓储管理并为工作人员提供帮助。它有助于对日常计划进行管理、组织和人员配备，指导和控制可用资源的使用，以将物料移入和移出仓库。它还可以向仓储部门提供有关绩效和资源利用率的数据。WMS 通常是企业使用的中央 ERP 系统中的一个应用程序。WMS 可以提供一个数据库，其中包含库存水平、仓储流程中的库存位置和其他所有的产品信息。

运输

我们已经从运营的角度了解了仓储流程。供应链和商品规划职能与仓库之间有频繁的互动，但是它们与运输职能之间的互动不多，尽管它们的决策最终会影响运输活动的组织。从表面上看，运输似乎非常简单——只不过是把货物从 A 地运送到 B 地，但实际情况要复杂得多。给门店发货并不是随机的，而是有时间规划的，是交付时间表的一部分。在只有一个仓库的配送模式中，仓库会为门店提供一个简单的交付时间表。仓库每周会为这些门店交付 1~6 次货物，很少有门店每天都需要交付货物（主要是因为周日停业）。如果一家门店有许多仓库为其提供服务，那么交付时间表可能会变得更加复杂。例如，超市中许多不同类型的产品需要不同的配送方式。面包、牛奶和冷冻食品每周都会用不同的车辆交付多次。运输职能可以分为计划和运营两个部分，其中，计划是指确保选择合适车辆和配送路线，运营是指确保车辆和设备时刻处于稳定的工作状态。

计划主要是指路线规划，这项工作是由运输规划人员执行的。一旦收到了门店订单或分配了货物，仓库就会迅速通知运输部门每家门店需要几个托盘或防滚架，然后运输规划人员就可以决定如何最有效地利用车队的运力。在理想情况下，每天交付到门店的托盘数量是完全相同的，因为这样可以使交付时间表和托盘数量保持稳定。然而，在现实中，当需求发生波动时，库存也需要随之变动。从供应链和商品规划的角度来看，让仓储和运输部门掌握库存信息非常重要，因为当需求增加时，运输规划人员需要组织额外的车辆完成运输。如果此时供应链和商品规划部门没有及时通知运输部门，运输部门就会由于没有足够的运力而无法直接装运货物。

运营主要是指维护和保养设备，这是保证供应链稳定运行的一个重要方面。如果经常出现车辆故障、交付延迟或驾驶员管理不善等情况，那么即便是世界一流的仓储和补货流程，也会变得毫无价值。驾驶员管理很重要，因为糟糕的驾驶可能会增加燃油使用量，进而增加不必要的成本。大多数零售企业的运输部门使用运输管理软件来跟踪车辆和驾驶员的表现，从而使运输过程尽可能高效。

供应链和商品规划还涉及运输的另外一个方面——回程运输。回程运输是指完成货物运送后，车辆通常是空的，驾驶员可以在返回途中再取走一批货物，利用本来应该是空的车辆来获得额外的收入。回程运输真正有用的地方是在完成一次交付后，货车取走本应由供应商交付的货物。供应商会为了这类交付给企业一定的好处。回程运输近来已大为普及，由于燃油价格的上涨，许多企业都采用回程运输来抵消上涨的燃油成本。回程运输普及率提高的另一个原因是“绿色”。如今，大多数企业都希望实现节能减排。通过回程运输，企业可以减少未利用的运力并提高能源的使用效率。

退货中心

退货中心对所有零售商来说都是一个重要的组成部分。因为消费者有权退货，所以任何零售商都需要设置退货中心。退货中心通常被视为独立于仓储的业务，但实际上二者之间有很多互动。退货中心的目标是尽可能快速有效地处理消费者的退货需求。退货中心的基本操作流程如下：收到货物，检验货物，然后要么退回作为库存，要么退给供应商，要么退回作为二手库存，要么拍卖或销毁。退货中心的复杂之处在于对货物的检验。在某些行业（如食品零售业）中，货物不会被送回中央仓库，而是被退到门店，由门店自行处理。显然，将香蕉退回中央仓库进行检查和处理是没有效益的，因为处理和运输香蕉的成本超过了零售商的利润。

高退货率会对零售商的盈利能力产生重大的负面影响。当退货率升高时，处理货物的成本会增加，退款和消费者满意度的降低也会对业务产生影响。

就像仓库一样，退货中心的效率是建立在有效的计划的基础上的。预测进入退货中心的货物数量可以使退货管理部门安排合理的员工数量。退货率的波动遵循与销售额相似的模式。对大多数零售商而言，退货率最高的时间点一般在圣诞节后，因为在这段时间消费者会退回他们不想要的圣诞节礼物。

进货和发货计划

进货和发货计划对仓库的运营起着至关重要的作用。仓库进货和发货的水平也被称为吞吐量。吞吐量的高低将直接影响仓库的运营成本。仓库需要制定一个进货预算来规划人力和相关资源。供应链和商品规划团队会规划该年度的进货和发货，进而对库存周期进行调整。通常来说，进货和发货计划会提前 4~12 周确定，直到确定计划的前一周都会有一定的调整。物流运营的整个资源计划取决于进货和发货计划，因此预测的准确性对提高物流效率来说至关重要。下面我们来看看如何制订进货和发货计划。

进货计划和发货计划相互独立，但两者的关系又非常密切。我们先来看一下进货计划。显而易见，进货量与销量预测直接相关。进货量将转化为发货量，以确保有足够的库存可供销售。因此，制订进货计划的第一步是查看销售预测。通过整个公司的 WSSI，我们可以快速了解销售情况。表 6.1 展示了进货量减少的情况下今年前 20 周整个公司的 WSSI（不含今年进货量）。

该 WSSI 向我们展示了今年销售预算、去年销售额、期初库存、今年库存周数和去年库存周数，这些都是制订进货计划所需要的数据。一旦增加了销售预算，我们就可以开始增加进货量，并根据销售需求调整进货量。我们可以看到，在今年和去年，从第 8 周到第 13 周，企业进入了销售高峰期。预测进货量的目的是在满足销售需求的前提下，将库存量保持在尽可能低的水平。要想达成预期销量，首先要对去年的情况进行分析。去年的平均期初库存相对保持稳定，这表明为了保持供应率和良好的库存水平，企业的库存水平需要保持在大约 1 150 万英镑。这意味着在高峰期之外，库存要能够维持大约 11 周的销售。在进货时，企业需要考虑与库存控制和库存保障相关的业务目标。如果企业想要减少库存，那么进货量必须小于销售额（除非企业计

表 6.1 今年前 20 周整个公司的 WSSI（不含进货量数据）

周次	今年销售额预算（英镑）	去年销售额（英镑）	今年进货量（英镑）	去年进货量（英镑）	期初库存（英镑）	去年库存（英镑）	今年库存周数	去年库存周数
1	1 000 000	900 000		1 000 000	10 000 000	11 000 000	10.0	12.2
2	1 100 000	950 000		900 000	8 900 000	10 950 000	8.1	11.5
3	950 000	975 000		900 000	7 950 000	10 875 000	8.4	11.2
4	1 200 000	1 000 000		1 100 000	6 750 000	10 975 000	5.6	11.0
5	1 150 000	1 050 000		1 200 000	5 600 000	11 125 000	4.9	10.6
6	1 000 000	950 000		1 000 000	4 600 000	11 175 000	4.6	11.8
7	980 000	900 000		1 000 000	3 620 000	11 275 000	3.7	12.5
8	1 300 000	1 100 000		1 500 000	2 320 000	11 675 000	1.8	10.6
9	1 800 000	1 500 000		2 500 000	520 000	12 675 000	0.3	8.5
10	2 000 000	2 500 000		2 500 000	–1 480 000	12 675 000	–0.7	5.1
11	4 000 000	3 300 000		2 500 000	–5 480 000	11 875 000	–1.4	3.6
12	2 500 000	2 100 000		2 000 000	–7 980 000	11 775 000	–3.2	5.6
13	1 500 000	1 400 000		1 000 000	–9 480 000	11 375 000	–6.3	8.1
14	1 000 000	950 000		1 000 000	–10 480 000	11 425 000	–10.5	12.0
15	1 100 000	800 000		1 000 000	–11 580 000	11 625 000	–10.5	14.5
16	950 000	925 000		900 000	–12 530 000	11 600 000	–13.2	12.5
17	1 050 000	980 000		900 000	–13 580 000	11 520 000	–12.9	11.8
18	1 100 000	1 000 000		900 000	–14 680 000	11 420 000	–13.3	11.4
19	1 100 000	1 000 000		1 000 000	–15 780 000	11 420 000	–14.3	11.4
20	1 200 000	1 100 000		1 000 000	–16 980 000	11 320 000	–14.2	10.3

划销售或处理期末库存）。此外，如果企业认为库存不足以维持供应率，就可能会增加库存。但是，我们无法仅从表 6.1 获得这个信息。这就是定性信息出现时我们需要对其保持关注的原因，因为仅仅通过数据，我们并不能了解业务出现了什么问题。在这个例子中，我们假设企业要减少 150 万英镑的库存。我们可以将进货量录入文档，使平均库存持有量降至约 1 000 万英镑时。表 6.2 展示了平均库存持有量为 1 000 万英镑的进货量预测。

为了达到此目的，进货量应该与销售预算相匹配。从理论上讲，这似乎是合乎逻辑的，但事实上这并不是最佳实践。因为这样做时，我们并没有考虑从仓库到门店的前置时间。虽然从整体上看，库存持有量似乎可以满足销售需求，但是在第 11 周时，销售额将分散在一周当中。因此，如果货物入库与销售额增加同时发生，那么库存就来不及满足销售需求了，我们需要在销售高峰期到来之前构建库存。此外，我们可以从表 6.2 中看出，去年每周的进货量没有超过 250 万英镑，这表明最大进货量为 250 万英镑。因此，第 11 周 400 万英镑的进货量将超过仓库的最大进货量。从逻辑上讲，进货量的巨大波动会大大地增加成本。从物流的角度来看，由于可用资源是保持稳定的，平稳的库存构建更具效益。关于进货量预测的另一个问题是，第 11 周的库存周数似乎只有 2.5 周。在不同的企业中，这个问题的严重性是不同的。从去年的情况来看，最低的库存周数是 3.6 周。表 6.3 展示了更平稳的进货量预测。

根据这一进货量预测，平均库存持有量应保持在 250 万英镑，同时应将第 11 周的库存周数保持在 3 周左右。如果你仔细观察库存周数之间的差异，就会发现这是一个相当激进的库存削减计划。关于进货量计划的一个要点是，进货量没有一个通用的正确的计算公式或方法，它往往取决于当时的背景和业务目标。

表 6.2 平均库存持有量为 1 000 万英镑时的进货量预测

周次	今年销售预算（英镑）	去年销售额（英镑）	今年进货量（英镑）	去年进货量（英镑）	期初库存（英镑）	去年库存（英镑）	今年库存周数	去年库存周数
1	1 000 000	900 000	1 000 000	1 000 000	10 000 000	11 000 000	10.0	12.2
2	1 100 000	950 000	1 100 000	900 000	10 000 000	10 950 000	9.1	11.5
3	950 000	975 000	950 000	900 000	10 000 000	10 875 000	10.5	11.2
4	1 200 000	1 000 000	1 200 000	1 100 000	10 000 000	10 975 000	8.3	11.0
5	1 150 000	1 050 000	1 150 000	1 200 000	10 000 000	11 125 000	8.7	10.6
6	1 000 000	950 000	1 000 000	1 000 000	10 000 000	11 175 000	10.0	11.8
7	980 000	900 000	980 000	1 000 000	10 000 000	11 275 000	10.2	12.5
8	1 300 000	1 100 000	1 300 000	1 500 000	10 000 000	11 675 000	7.7	10.6
9	1 800 000	1 500 000	1 800 000	2 500 000	10 000 000	12 675 000	5.6	8.5
10	2 000 000	2 500 000	2 000 000	2 500 000	10 000 000	12 675 000	5.0	5.1
11	4 000 000	3 300 000	4 000 000	2 500 000	10 000 000	11 875 000	2.5	3.6
12	2 500 000	2 100 000	2 500 000	2 000 000	10 000 000	11 775 000	4.0	5.6
13	1 500 000	1 400 000	1 500 000	1 000 000	10 000 000	11 375 000	6.7	8.1
14	1 000 000	950 000	1 000 000	1 000 000	10 000 000	11 425 000	10.0	12.0
15	1 100 000	800 000	1 100 000	1 000 000	10 000 000	11 625 000	9.1	14.5
16	950 000	925 000	950 000	900 000	10 000 000	11 600 000	10.5	12.5
17	1 050 000	980 000	1 050 000	900 000	10 000 000	11 520 000	9.5	11.8
18	1 100 000	1 000 000	1 100 000	900 000	10 000 000	11 420 000	9.1	11.4
19	1 100 000	1 000 000	1 100 000	1 000 000	10 000 000	11 420 000	9.1	11.4
20	1 200 000	1 100 000	1 200 000	1 000 000	10 000 000	11 320 000	8.3	10.3

表 6.3　更平稳的进货量预测

周次	今年销售预算（英镑）	去年销售额（英镑）	今年进货量（英镑）	去年进货量（英镑）	期初库存（英镑）	去年库存（英镑）	今年库存周数	去年库存周数
1	1 000 000	900 000	900 000	1 000 000	10 000 000	11 000 000	10.0	12.2
2	1 100 000	950 000	800 000	900 000	9 700 000	10 950 000	8.8	11.5
3	950 000	975 000	800 000	900 000	9 550 000	10 875 000	10.1	11.2
4	1 200 000	1 000 000	1 000 000	1 100 000	9 350 000	10 975 000	7.8	11.0
5	1 150 000	1 050 000	1 200 000	1 200 000	9 400 000	11 125 000	8.2	10.6
6	1 000 000	950 000	1 200 000	1 000 000	9 600 000	11 175 000	9.6	11.8
7	980 000	900 000	2 500 000	1 000 000	11 120 000	11 275 000	11.3	12.5
8	1 300 000	1 100 000	2 500 000	1 500 000	12 320 000	11 675 000	9.5	10.6
9	1 800 000	1 500 000	2 500 000	2 500 000	13 020 000	12 675 000	7.2	8.5
10	2 000 000	2 500 000	2 500 000	2 500 000	13 520 000	12 675 000	6.8	5.1
11	4 000 000	3 300 000	2 000 000	2 500 000	11 520 000	11 875 000	2.9	3.6
12	2 500 000	2 100 000	1 200 000	2 000 000	10 220 000	11 775 000	4.1	5.6
13	1 500 000	1 400 000	1 000 000	1 000 000	9 720 000	11 375 000	6.5	8.1
14	1 000 000	950 000	1 000 000	1 000 000	9 720 000	11 425 000	9.7	12.0
15	1 100 000	800 000	800 000	1 000 000	9 420 000	11 625 000	8.6	14.5
16	950 000	925 000	800 000	900 000	9 270 000	11 600 000	9.8	12.5
17	1 050 000	980 000	800 000	900 000	9 020 000	11 520 000	8.6	11.8
18	1 100 000	1 000 000	800 000	900 000	8 720 000	11 420 000	7.9	11.4
19	1 100 000	1 000 000	800 000	1 000 000	8 420 000	11 420 000	7.7	11.4
20	1 200 000	1 100 000	800 000	1 000 000	8 020 000	11 320 000	6.7	10.3

一旦从成本角度确定了进货量预测，我们就要将其转换为单位成本。我们可以将单位平均成本叠加到进货量上。单位平均成本可以通过销售额或库存量进行计算，计算方式如下。

用销售额计算：

总销售额 ÷ 总销量 = 单位平均成本

总销售额 = 1 000 000（英镑）

总销量 = 10 000

1 000 000 ÷ 10 000 = 100（英镑）

用库存量计算：

总库存量 ÷ 库存单位数量 = 单位平均成本

总库存量 = 10 000 000（英镑）

库存单位数量 = 100 000

10 000 000 ÷ 100 000 =100（英镑）

在这个例子中，如果单位平均成本为 100 英镑，则应将进货成本除以 100 来换算成单位数量。如果业务模式发生变化，单位平均成本降低到 50 英镑，而计划的进货成本保持不变，那么进货量将增加到原先的 2 倍。

发货量预测与进货量预测相似，但需要考虑一些其他变量。发货量预测将在进货量预测之后得出。为了实现销售预测，图 6.10 所示的库存流将会发生。

图 6.10　库存流

何时进货和发货取决于每个步骤之间的时间。有些企业可以实现在周一进货，在周二上午就把货物发到门店。但大多数企业从进货到门店收货至少需要 3 ~ 4 天的时间，所以通常会在收到大量货物后的几周内制订大规模的发货计划。分店商品规划对完成发货计划起着非常重要的作用。如果没有特别的商业活动，那么发货计划将遵循进货量预测。如果企业要开设更多的门店，计划特别的促销活动，增加额外库存（为了提高供应率）或计划产品系列审查，发往门店的货物数量就应该超过售出的货物数量。

表 6.4 展示了为期 20 周的发货计划表，其格式与进货计划表类似。“去年活动”和“今年活动”两列主要用于描述与发货有关的所有活动。例如，去年的第 4 周有一家新门店开业，发货量激增至 15 万。此外，我们还可以看出，第 7 周到第 12 周是销售高峰期。企业一般希望每周的发货量与销售额大致保持一致。与进货计划表相似，发货计划表中的最大发货量也有一定的限制。

总而言之，进货和发货计划对物流运营及整个企业而言都是至关重要的。为了实现销售预测，进货量和发货量必须充足，否则企业将无法实现销售目标，从而导致利润下降。从物流的角度来看，这些预测的准确性对企业有效管理资源和降低物流成本来说是至关重要的，因此企业必须重视进货和发货计划。

电商物流

仓储

大多数零售商都会设立网店，将其作为门店的补充。随着互联网的快速

表 6.4　为期 20 周的发货计划表

周次	今年销售额预算（英镑）	去年销售额（英镑）	今年发货量	去年发货量	今年库存单位数量	去年库存单位数量	去年活动	今年活动
1	1 000 000	900 000	100 000	100 000	9 000 000	8 125 000		
2	1 100 000	950 000	100 000	100 000	8 990 000	8 130 000		
3	950 000	975 000	100 000	90 000	8 995 000	8 122 500		
4	1 200 000	1 000 000	160 000	150 000	9 035 000	8 172 500	新店开业（5 万）	
5	1 150 000	1 050 000	100 000	100 000	9 020 000	8 167 500		
6	1 000 000	950 000	100 000	100 000	9 020 000	8 172 500		新店开业（5.5 万）
7	980 000	900 000	150 000	120 000	9 072 000	8 202 500		
8	1 300 000	1 100 000	250 000	150 000	9 192 000	8 242 500	高峰期	高峰期
9	1 800 000	1 500 000	250 000	250 000	9 262 000	8 342 500	高峰期	高峰期
10	2 000 000	2 500 000	250 000	250 000	9 312 000	8 342 500	高峰期	高峰期
11	4 000 000	3 300 000	250 000	250 000	9 162 000	8 262 500	高峰期	高峰期
12	2 500 000	2 100 000	250 000	160 000	9 162 000	8 212 500	高峰期	高峰期
13	1 500 000	1 400 000	150 000	140 000	9 162 000	8 212 500	高峰期	高峰期
14	1 000 000	950 000	100 000	100 000	9 162 000	8 217 500		
15	1 100 000	800 000	110 000	90 000	9 162 000	8 227 500		
16	950 000	925 000	120 000	90 000	9 187 000	8 225 000	产品系列审查（2 万）	
17	1 050 000	980 000	100 000	100 000	9 182 000	8 227 000		
18	1 100 000	1 000 000	100 000	100 000	9 172 000	8 227 000		产品系列审查（1.5 万）
19	1 100 000	1 000 000	100 000	10 000	9 162 000	8 137 000		
20	1 200 000	1 100 000	100 000	100 000	9 142 000	8 127 000		

发展，线上销售额占总销售额的比例每年都在增加，因此零售商必须确保自身的物流运营达到足够高的水平，以应对线上渠道不断增长的需求。网店的进货方式与线下门店相同，但是出库和运输方式有所不同。运往线下门店的产品通常会被拣取并放置到托盘上进行运输，而电商物流与其最主要的区别在于，产品被拣取、包装后会被直接发给消费者。因此，每个产品（或订单）必须被单独包装成包裹，而不是放到托盘上。这意味着，与把产品直接交付给线下门店相比，网店配送每单位产品所花费的成本更高。无论是线上购买、线下提货，还是在门店提货或向门店预订，都可能会增加供应链的复杂性。有些零售商还提供线上购买、门店自提的服务，这些不同类型的配送方式会增加物流系统和流程的复杂性。

拣货和包装

线上订单的拣货方式与线下门店不同。根据行业的规模和性质，不同的仓库和企业会采用不同的拣货方式。食品零售商和超市采用特殊的方式处理线上订单（第 14 章将详细介绍）。处理线上订单时，最常见的方法是让线上订单在一定时间内累积，然后按照批次进行拣货。如果线上订单一直很多并且吞吐量允许，那么在合理的范围内采用固定的拣货周期将更有效率。网店的配送方式不是将产品放在货架上供消费者挑选，而是将线上订单中的产品与发票包装好，以确保将产品安全地送到消费者手中。因为包装产品需要许多不同的消耗品，如信封、盒子、地址标签、气泡纸等，所以电商仓库一般需要一个区域来设置工作台，以便工作人员进行包装操作。

运输

由于线上订单的配送方式与消费者能够选择的配送方式之间存在一定的差异，因此需要不同类型的运输方式。快递员是专门从事包裹配送的人员，企业通常会根据不同的配送类型及产品自身的特性来选择不同的快递公司。快递员可能只负责小包裹的配送或固定时段的配送，所以企业需要对快递公司进行挑选。产品的大小和重量可能会对配送成本产生很大的影响。快递费通常根据产品的重量和尺寸来计算，将一件大型且较重的产品运送到英国某些地区可能要花费 10~50 英镑。企业需要把这部分成本算到产品的价格中。如果某产品的毛利润为 10 英镑，但通过电商渠道配送该产品的平均费用为 20 英镑，那么实际利润将为负值。

交付频率和交付周期

交付频率与交付周期之间是有密切关联的。交付频率是指一家门店在一段时间内收到交付货物的次数，通常以一周为单位，很少有零售商会以日或月为单位来表示交付频率。简单地说，如果一家门店在周一、周三和周五收到货物，那么该门店的交付频率为 3。交付周期比交付频率复杂一些，交付周期是从门店订购（或分配库存）到门店收到货物所花费的时间。这一过程所花费的时间对供应率、库存量及门店应对需求变动的能力都有一定的影响。大多数人都难以理解交付周期及交付周期是如何运行的。零售部门往往需要对工作人员进行这个方面的培训，因为他们在制订计划时需要考虑交付周期的影响。图 6.11 展示了某门店的交付周期表。

	周一	周二	周三	周四	周五	周六	周日
轮询		X			Z		O
拣货	O		X			Z	
发货		O		X			Z
交付	Z		O		X		

图 6.11　某门店的交付周期表

我们先了解一下图 6.11 涉及的术语。门店通常会在交易日结束时通过门店订购系列发出订单，这被称为轮询。图 6.11 中的第一行显示的是门店发起轮询的时间。在此示例中，门店在周二、周五和周日发起轮询。门店发起轮询后，仓库便会根据订单进行拣货，即仓库在收到订单后会拣取准备发出的货物。然后，货物将被装入运输设备并从仓库发走，直至最终交付给门店。

在此示例中，每种字母表示一个交付周期。该门店在周一、周三和周五收到货物，分别用 Z、O 和 X 表示。以 X 为例，我们可以看到周二轮询、周三拣货、周四发货、周五交付。实际上，这意味着门店在周一和周二售出的库存是在上周五交付的。在此示例中，交货周期最短为 4 天，最长为 6 天。这是因为从售罄到补货需要 4 天、5 天或 6 天的时间。描述这种情况的行业术语是“第 1 天下单，第 4 天交付”。如果某 SKU 的订单在周二发出，那么周二当天就会轮询，接着周三拣货、周四发货、周五交付，这是一个交付周期为 4 天的例子。如果某 SKU 的订单在周一发出，那么等到周二才会轮询，接着周三拣货、周四发货、周五交付，这是一个交付周期为 5 天的例子。如果某 SKU 的订单在周三发出，那么等到周五才会轮询，接着周六拣货、周日发货、周一交付。即便这家门店的交付频率为每周 3 次，在这种情况下仍需要 6 天的时间才能完成补货。因此，一周中的每一天的交付周期如下。

周一下单，周五交付：交付周期为 5 天。

周二下单，周五交付：交付周期为 4 天。

周三下单，周一交付：交付周期为 6 天。

周四下单，周一交付：交付周期为 5 天。

周五下单，周一交付：交付周期为 4 天。

周六下单，周三交付：交付周期为 5 天。

周日下单，周三交付：交付周期为 4 天。

一个常见的误解是，交付频率越高越好。这在某种程度上是正确的，但如果交付周期不变，收益就是有限的。图 6.12 展示了交付周期表，我们将该门店的交付频率从一周 3 次改为一周 5 次（周一、周二、周三、周四和周五为交付日）。

	周一	周二	周三	周四	周五	周六	周日
轮询	A	X			Z	Y	O
拣货	O	A	X			Z	Y
发货	Y	O	A	X			Z
交付	Z	Y	O	A	X		

图 6.12　交付周期表（将门店的交付频率从一周 3 次改为一周 5 次）

在图 6.12 中，周二和周四分别增加了一次交付，但最长交付周期仍为 6 天。虽然可以通过周六交付来缓解，但由于周六门店的交易较多，所以大多数门店不希望在周六交付，并且周末的配送成本往往比较高。那么，周末交付有什么好处呢？如果门店在周一售罄了，交付周期就会从 5 天缩短为 4 天，周六下单时，交付周期也会从 5 天缩短为 4 天。考虑到所需的相关成本，这么做并不会得到更多的收益。在此示例中，一周中的每一天的交付周期如下。

周一下单，周四交付：交付周期为 4 天——缩短 1 天。

周二下单，周五交付：交付周期为 4 天——不缩短。

周三下单，周一交付：交付周期为 6 天——不缩短。

周四下单，周一交付：交付周期为 5 天——不缩短。

周五下单，周一交付：交付周期为 4 天——不缩短。

周六下单，周二交付：交付周期为 4 天——缩短 1 天。

周日下单，周三交付：交付周期为 4 天——不缩短。

增加额外的交付次数会产生额外的成本。首先，因为仓库会多进行两次拣货，所以拣货所产生的成本将会增加。其次，发货量会分散在 5 天而不是 3 天，由于发货量的分散，拣货效率也可能会降低。此外，运输次数的增加导致驾驶员、燃料等成本也会有一定的增加，从而使交付成本增加。最后，相关的仓储成本（如消耗品、拣货设备等）也会随之增加。因此，与其提高交付频率，不如看看将交付周期缩短为 3 天后会发生什么。在此示例中，我们假设由于仓库的运营效率提高，拣货和发货可以在同一天完成。图 6.13 展示了“第 1 天下单，第 3 天交付”的交付周期表（周一、周三和周五为交付日）。

	周一	周二	周三	周四	周五	周六	周日
轮询	O		X			Z	
拣货		O		X			Z
发货		O		X			Z
交付	Z		O		X		

图 6.13　交付周期表（交付周期缩短为 3 天）

在此示例中，一周中的每一天的交付周期如下。

周一下单，周三交付：交付周期为 3 天——缩短 2 天。

周二下单，周五交付：交付周期为 4 天——不缩短。

周三下单，周五交付：交付周期为 3 天——缩短 3 天。

周四下单，周一交付：交付周期为 5 天——不缩短。

周五下单，周一交付：交付周期为 4 天——不缩短。

周六下单，周一交付：交付周期为 3 天——缩短 2 天。

周日下单，周三交付：交付周期为 4 天——不缩短。

从总体上来看，交付周期缩短了，比一周交付 5 次时的交付周期更短。虽然一周中最长的交付周期仍为 5 天，但是与提高交付频率相比，总体上节省了更多的时间。这样做的最大好处是，周六下的订单在周一就可以到达门店，而不是在周二或周三。

在理想状况下，交货周期越短越好。1~2 天的交货周期是最理想的。如果产品在周一售罄，在周二就能补货，门店的库存水平就可以降低。但是，我们必须考虑物流时间、质量与成本之间的关系。为了缩短物流时间，物流成本可能会增加。最佳交付周期应取决于行业、业务目标和物流预算。在门店发起轮询之后，仓库连夜拣货、在第 2 天一大早就发货以实现第 2 天交付，这样的配送方案需要付出高昂的成本，而且需要快速传输订单数据，进行夜间拣货，并在完成拣货之后立即补货。对销量很高的门店和行业而言，交付周期应该是“第 1 天下单，第 2 天交付”，这对保质期较短的 SKU 尤为重要。如果一个 SKU 的保质期为 3 天，那么“第 1 天下单，第 4 天交付”的交付周期就是不可接受的，因为产品在还未被交付就已经过期了。所有的零售商都应确定适合自己的交付周期，并在可能的情况下分析能否缩短交付周期。通过这样一个过程，零售商可以发现哪些交付是不必要的。因此，最佳实践是确保门店网络对交付周期有充分的了解。

在门店网络中，每个门店的交付频率不是必须相同的。例如，与周转速度较慢的门店相比，周转速度较快的门店的交付频率可能更高。快速补货、提高周转速度是门店提高供应率的有效解决方案，这也是缩短交付周期的主要手段。在改变交付频率和交付周期时，我们需要考虑许多因素。由于各家门店的位置不同，同一区域内不同的交付频率会造成交付成本不同。例如，一家零售商在曼彻斯特有 20 家门店，这些门店由曼彻斯特的配送中心提供配送服务。配送中心通过两条路线向这些门店交付货物：8 家周转速度快的门店在周一、周三和周五交付，平均需要 24 个托盘，车辆利用率为 92%；其余 12 家周转速度慢的门店在周二和周四交付，平均需要 22 个托盘，车辆利用率为 85%。这是一个成本效益较高的交付周期安排，因为配送中心只需要一辆车和一名驾驶员，这辆车在 5 天内都可以使用，并且托盘利用率很高。如果有人分析了这些门店，并认为其中 4 家周转率高的门店采用每天交付的方式可以获益，那么这看似微不足道的变化将带来成本的大幅增加。原本 8 家周转率高的门店在周一、周三和周五交付，平均每天需要交付 24 个托盘，每家门店每天交付 3 个，这相当于每家门店每周总共交付 9 个托盘。如果其中有 4 家门店需要每天交付，那么周二和周四交付时需要增加 8 个托盘（每周 9 个托盘乘以 4 家商店，等于 36 个托盘，36 个托盘除以 5 天，等于 7.2 个托盘，即 8 个托盘）。而其余 12 家周转速度慢的门店在周二和周四交付，平均需要 22 个托盘。这样一来，周二和周四平均交付 30 个托盘，超过了卡车的载重量。假设卡车无法返程重新装载，为了适应这一变化，就需要额外的一辆车和一名驾驶员。最重要的是，周一、周三和周五的交货量并没有得到充分的利用。

选择正确的交付周期、交付频率和配送路线是一个复杂的问题，没有“一刀切”的解决方案，也没有一种适用于所有零售商的方案。运输规划软件可以根据距离和车辆利用率规划最佳配送路线，但它不会考虑门店的销售情况或交付限制。对任何一家零售商来说，最好的做法是每年至少检查一次交付周期、交付频率和配送路线，以便对其进行优化。

进口

现在，绝大多数产品都在海外制造。无论是时装、家具、电子产品还是DIY产品，大多数产品都是进口到英国的，甚至有些食物也是进口的。因此，企业需要对进口进行管理。一些企业直接与海外工厂合作，并将货物存放在它们的仓库中。这是一个更加复杂的流程，需要专业的能力和系统来管理。从供应链的角度来看，进口通常是供应链部门工作的一部分。进口也可能涉及商品规划，即使实际的进口管理工作主要是由财务或物流部门完成的，但管理责任仍属于供应链或商品规划部门。进口管理员（或经理）的工作比较专业化，因此该职位的具体工作细节不在本书的讨论范围之内。但是，对进口所要面对的挑战和复杂度有一个大致的了解是很有必要的。在供应链和商品规划团队中工作时，我们常常需要与海外办事处或供应商进行互动。

货运管理

货运主要是指散装运输的货物。零售产品可以采用铁路、公路、海运和空运中的一种或多种方式进行运输。货物通常被放在集装箱内，并以集装箱联运的方式进行运输。这些集装箱有尺寸和重量的限制，具体的标准是由国际标准化组织确定的。该组织制定了有关工商业的国际标准。集装箱的三种主要型号如下：

- 20 英尺集装箱——长约 6 米，宽约 2.4 米，高约 2.55 米；
- 40 英尺集装箱——长约 12 米，宽约 2.4 米，高约 2.55 米；
- 40 英尺高柜集装箱——长约 12 米，宽约 2.4 米，高约 2.85 米。

集装箱容量以 20 英尺当量单位（Twenty-foot Equivalent Unit，TEU）表示。一年内交付 1 000 箱 20 英尺集装箱和 2 000 箱 40 英尺集装箱，相当于一年交付 5 000 TEU。每一次集装箱交付都有唯一的集装箱编号，这提供了每一次集装箱交付的可追溯性和可见性。货物在原产国被装载到集装箱中，然后被运输到港口，接着集装箱被装载到集装箱船上。集装箱船是运输集装箱的专用货船，船身体积较为庞大。当前的集装箱船可以运载超过 19 000 TEU，能与油轮相媲美，是海上最大的商用船舶。集装箱船的运力主要由少数企业拥有，这意味着即使是世界上最大的零售商，其对航运运营商的影响也微乎其微。集装箱装满后，运输时间将根据出发港口和接收港口、船速及运输过程中发生的情况而变化。所有这些变量意味着，海外采购的货物在约定的交付时间之后到达的可能性更高。从中国到英国的运输时间通常为 24~37 天。集装箱一到达港口，就必须进行清关。

一旦货物被海关放行，英国税务及海关总署（Her Majesty's Revenue and Customs，HMRC）就会建议在 5 天内将货物运送到零售商的仓库。英国港口非常繁忙，因此航运运营商不希望集装箱占用港口宝贵的空间。为了阻止零售商将集装箱停放在港口，港口会收取租金，即滞期费。根据运输线路的不同，在达到缴纳滞期费的最后期限之前货物通常只能停放 7~14 天。零售商必须避免缴纳滞期费，因为它非常昂贵，每个集装箱每天的滞期费可能会超过 100 英镑。货物清关后，零售商应尽快安排装运，将货物从港口运到仓库。

货运管理由货运代理负责。货运代理将在整个交付过程中处理大部分的文件和单据。货运代理将根据集装箱的大小与零售商确定费率，这些费率的期限通常为半年或全年。从本质上讲，货运业的费率每年都有很大的差异，这会对产品的总体利润率产生很大的影响。

运输公司负责将集装箱从港口运送到仓库，这些公司通常是与货运代理分开的，运输公司将对每个集装箱收取费用。集装箱的卸货工作是一个漫长的过程。为了最大限度地利用空间，集装箱内通常不使用托盘，而是使用纸箱，以确保没有闲置空间。一些拥有 24 小时仓库的零售商会在夜间卸货，这有两个方面的好处。第一个好处是，因为卸货需要很长时间，而零售商不希望在白天出现拥堵的状况，所以晚上卸货可以让收货小组有足够的时间卸货，而不用担心同一时间还要处理其他的货物。如果卸货时间比商定的时间长，运输公司就会收取等待费用。第二个好处是，夜间运输一般不会延迟，这意味着提高了准时交付率。如果零售商可以利用集装箱建立一个"即卸即取"系统，那么与集装箱运输相关的许多风险就可以被降到最低。"即卸即取"是指运输公司将集装箱放在卸货区后，将之前的集装箱收回。这可以消除运输公司的等待时间，而且零售商可以在方便的时间段再进行卸货。为了建立"即卸即取"系统，零售商必须与运输公司和货运代理达成协议。

国际贸易术语解释通则

国际贸易术语解释通则（INCOTERMS）是由国际商会（International Chamber of Commerce，ICC）制定的。国际贸易术语解释通则主要对与常见的合同销售惯例有关的三个字母的国际贸易术语做了解释，其目的是更清楚地说明与进口货物的运输和交付有关的任务、成本及责任等事项。虽然国际贸易术语解释通则对国际贸易术语做了明确的定义，但它们并不直接构成合同或监管法规。国际贸易术语解释通则包含的细节非常复杂，除非需要开展进口业务，否则不必了解这些细节。不过，理解零售商所使用的不同的国际贸易术语是非常重要的。简而言之，国际贸易术语解释通则定义了买卖双方的责任，其中常用的国际贸易术语如下。

工厂交货（Ex Works，EXW）：指定交货地点。该术语将买方的义务最大化，将卖方的义务最小化。这意味着买方承担了将货物运到最终目的地的所有风险。如果卖方不将货物装载到运输车辆上或未办理出口清关手续，就由卖方承担所有的风险。根据该术语的定义，交付所包含的各种要素均由买方负责，因此买方将受益于总成本的降低。零售商希望这样做，以实现利润最大化，但是所有的成本、风险和责任也均由买方承担。因为处理 EXW 的过程非常复杂，所以除非买方有专业人员来管理交货过程，否则是不可能完成 EXW 的。

船上交货（Free On Board，FOB）：指定装运港。FOB 仅适用于海运，根据 FOB 条款，将货物装载到船上之前，所有的费用和风险均由卖方承担，并且在货物办理出口清关手续之前，卖方都要负责。买方需要支付港口与港口之间的海运费、提单费、保险费、卸货费和运输费。FOB 通常用于零售业，这是因为组织和管理库存从工厂到港口过程需要在原产国进行联系和沟通，这同样需要由专业人员来完成。

所在地交货（Delivered At Place，DAP）：指定目的地。根据 DAP 条款，风险在货物到达交付合同约定的目的港时由卖方转移给买方，买方唯一要承担的费用是最终目的地所需的卸货费。DAP 与税后交货（Delivered Duty Paid，DDP）非常相似，DDP 将卖方义务最大化，将买方义务最小化。DDP 与 DAP 的主要区别在于，采用 DDP 时，关税和其他税款均由卖方支付。DDP 通常适用于货物交付到非保税仓库的情况。

保税仓库

保税仓库是指可以存放应税货物而无须支付税款的仓库。进口货物如果没有存放在保税仓库中，就会被征收关税。保税仓库最主要的优势是，货物只有在离开保税仓库时才需要缴纳关税，这有利于维持企业的现金流。

零售商必须获得 HMRC 的授权并遵守海关货运简化程序（Customs Freight Simplified Procedures，CFSP）才能使用保税仓库。关税管理软件可以跟踪货物进出保税仓库的情况，该软件通常使用保税仓库自动生成的报告，根据期末库存触发关税支付。无论货物因任何原因被退回仓库，都无须再次支付关税。

合规性检查

因为 HMRC 收到的税款数额巨大并且进口受到严格的监管，所以进口货物的企业也需要进行合规性检查，检查时间的长短各不相同。在 HMRC 进行合规性检查之前，企业会事先收到通知。HMRC 将对企业是否遵守所有规定、是否缴纳了足额的关税及业务流程是否符合 HMRC 规定等方面进行检查。企业对进口业务的正确管理非常重要，因为当企业未通过 HMRC 合规性检查时需要支付高额的罚款，甚至可能被禁止使用保税仓库。检查工作的一个潜在障碍是自动管理系统，因为关税管理软件和 WMS 无须人为干预即可自动“对话”，所以企业一般不会定期检查这些数据的传输。因此，企业需要确保系统之间的相互协调，以避免出现潜在的问题。例如，如果产品使用了不正确的税则号，企业就可能面临违规的风险。

税则号

税则号是用来根据产品的特性确定税额的。根据英国及欧洲的法律，关税是由产品的成分、工作方式和包装方式决定的。关税对零售企业非常重要，因为不同的产品所适用的税率差别很大。为一种产品制定税则号并不像看上去那么简单。税则号有成千上万种，并且相关规定十分具体。这些规定按章和节划分，下面还可以分出小节。例如，零售商从中国进口男士长裤，应采用哪个税则号？在你开始查看这条裤子的税则号之前，你首先需要知道这条裤子是由什么材料制成的（如 70% 的棉和 30% 的聚酯纤维），其次需要知道它是怎么制成的（针织或钩编），以及它是给哪些人（男人）穿的，只有这样才能找到正确的税则号。

表 6.5 列出了可供选择的 21 章。

表 6.5　可供选择的 21 章

章	节	章标题
I	1~5	活的动物，动物制品
II	6~14	蔬菜产品
III	15	动植物油脂及其裂解产物，食用脂肪，动物或植物蜡
IV	16~24	熟食，饮料、烈酒和醋，烟草和人造烟草替代品
V	25~27	矿产品
VI	28~38	化工或相关工业产品
VII	39~40	塑料及其制品，橡胶及其制品
VIII	41~43	生皮、皮革、毛皮及其制品，鞍具和挽具，旅游用品、手袋及类似容器，动物内脏制品（蚕除外）
IX	44~46	木材和木制品，木炭，软木和软木制品，麦秆、草编制品或者其他编织物制品，篮子器皿和柳条制品
X	47~49	木浆或其他纤维材料制成的浆，回收（废弃）的纸或纸板，纸和纸板及其制品
XI	50~63	纺织品和纺织品制品
XII	64~67	鞋、帽、伞、太阳伞、手杖、座位手杖、鞭子、马鞭及其部件，羽毛及其制品，人造花卉，人发制品
XIII	68~70	石料、石膏、水泥、石棉、云母或类似材料制品，陶瓷产品，玻璃和玻璃器皿
XIV	71	天然或养殖珍珠，珍贵或半珍贵宝石，贵金属，包着贵金属的金属及其制品，人造珠宝，硬币
XV	72~83	贱金属及其制品

（续表）

章	节	章标题
XVI	84~85	机械及机械器具，电器设备及其零件，录音机和录音复制设备、电视音像录制机和电视音像复制设备及相关的零件和附件
XVII	86~89	车辆、飞机、船舶及相关运输设备
XVIII	90~92	光学的，摄影的，电影的，测量的，检查、医疗或外科器械和精密设备；钟表；乐器；相关的零件及附件
XIX	93	武器和弹药，相关的零件及附件
XX	94~96	杂项制品
XXI	97~98	艺术品、收藏品和古董

本例中最符合的是“纺织品和纺织品制品”，而“纺织品和纺织品制品”这一章包含了 14 节，如表 6.6 所示。

表 6.6　纺织品和纺织品制品包含的 14 节

节	内容
50	丝绸
51	羊毛，细的或粗的动物毛；马鬃纱和机织物
52	棉花
53	其他植物纤维，纸纱和纸纱的机织物
54	人造纤维，条状及类似的人造纺织材料
55	人造短纤维
56	棉絮、毛毡和非织造布，特殊的纱线，绳、索、缆及其制品
57	地毯和其他铺地织物
58	特殊机织物，簇绒纺织面料，蕾丝，挂毯，饰物，刺绣
59	浸渍、涂覆、覆盖或层压纺织品，适合工业使用的纺织品
60	针织或钩编织物
61	服装及服装配件，针织或钩编物
62	服装及服装配件，非针织或钩编物
63	其他纺织制成品，旧衣服和旧纺织品，破布

其中，最符合的是第 61 节，而第 61 节包含 17 个小节，如表 6.7 所示。

表 6.7 第 61 节包含的 17 个小节

小节	内容
01	男式或男童大衣、短大衣、披风、斗篷、风衣（包括滑雪服）、防风上衣及类似物品，针织或钩编物，属于 6103 小节的物品除外
02	女式或女童大衣、短大衣、披风、斗篷、风衣（包括滑雪服）、防风上衣及类似物品，针织或钩编物，属于 6104 小节的物品除外
03	男式或男童正装、成套服装、夹克、运动衫、长裤、围兜及背带裤、半长裤及短裤（泳衣除外），针织或钩编物
04	女式或女童正装、成套服装、夹克、运动衫、连衣裙、短裙、裤裙、长裤、围兜及背带裤、半长裤及短裤（泳衣除外），针织或钩编物
05	男式或男童衬衫，针织或钩编物
06	女式或女童衬衫，针织或钩编物
07	男式或男童内裤、三角裤、睡衣、睡裤、浴衣、晨衣及类似物品，针织或钩编物
08	女式或女童衬裙、三角裤、衬裤、睡衣、睡裤、浴衣、晨衣及类似物品，针织或钩编物
09	T 恤衫、背心及类似物品，针织或钩编物
10	运动衫、套头衫、开衫、马甲及类似物品，针织或钩编物
11	婴儿成衣及成衣配件，针织或钩编物
12	运动套装、滑雪套装及泳装，针织或钩编物
13	由 5903、5906 或 5907 小节的材料针织或钩编制成的成衣
14	其他成衣，针织或钩编物
15	连裤袜、紧身裤、短袜及其他袜子，包括分度压缩袜类（如静脉曲张用长袜），无衬底的鞋，针织或钩编物
16	分指手套、连指手套和露指手套，针织或钩编物
17	其他成衣配件，针织或钩编物；成衣或成衣配件组件，针织或钩编物

其中最符合的是 03 小节，03 小节有 16 种不同的商品编码可供选择，如表 6.8 所示，其中最符合的商品编码是 61 03 420000。至此，我们找到了这种产品的适用关税——20%。

表 6.8　03 小节包含的 16 种商品编码

分类	描述	商品编码
正装	羊毛或细的动物毛	61 03 101000
正装	其他纺织材料	61 03 109000
成套服装	棉花	60 03 220000
成套服装	合成纤维	60 03 230000
成套服装	其他纺织材料	60 03 219000
夹克和运动衫	羊毛或细毛	61 03 310000
夹克和运动衫	棉花	61 03 320000
夹克和运动衫	合成纤维	61 03 330000
夹克和运动衫（其他纺织材料）	人造纤维	61 03 390010
夹克和运动衫（其他纺织材料）	其他	61 03 390090
裤子、围兜和背带裤、半长裤和短裤	羊毛或细毛	61 03 410000
裤子、围兜和背带裤、半长裤和短裤	棉花	61 03 420000
裤子、围兜和背带裤、半长裤和短裤	合成纤维	61 03 430000
裤子、围兜和背带裤、半长裤和短裤（其他纺织品制材料）	裤子和短裤	61 03 490010
裤子、围兜和背带裤、半长裤和短裤（其他纺织品制材料）	人造纤维	61 03 490091
裤子、围兜和背带裤、半长裤和短裤（其他纺织品制材料）	其他	61 03 490099

从该例可以看出，税则号的分类非常详细。供应商需要向零售商详细说明进口产品的每一个细节，否则零售商可能会使用错误的税则号，从而导致关税变得更高或无法通过 HMRC 合规性检查。不同的行业在选择税则号时会遇到各种各样的问题。例如，有些电气设备的结构非常复杂，需要具备大量的技术知识才能选出正确的税则号。欧盟是关税同盟，这意味着欧盟的正式成员国之间没有关税壁垒，但它们对来自欧盟以外的产品征收相同的关税。在撰写本文时，英国已于 2016 年决定脱欧，在欧盟成员国和英国之间的关税

和税额将如何处理等方面出现了各种各样的不确定性。如果从欧盟进口到英国的所有产品都要缴纳关税，那么这将给零售物流行业带来巨大的压力。很多英国零售商都从欧盟进口产品，根据现行法规，这个过程很容易管理，类似于在本国进行采购。如果进口产品需要缴纳关税，那么一些零售商将需要一个更大的进口部门来处理额外的管理工作和文书。正如在“进口”一节中所解释的，负责管理进口业务的人员必须非常专业，而这样的人很少。因此，当行业对此类人员有较大的需求时，那么企业很可能会遭受人才匮乏的困扰。

本章小结

本章介绍了物流职能的一些细节。本章的主要内容如下：

- 物流职能概述；
- 物流基本模式；
- 仓储概述；
- 仓储及物料流；
- MHE 概述；
- 运输概述；
- 退货中心的管理；
- 进货和发货计划及其重要性；
- 电商物流；
- 交付频率、交付周期及其对补货的影响；
- 进口与货运管理概述；
- 税则号概述。

第7章

财务

财务概述

本章内容可以让读者对财务职能、供应链或商品规划职能与财务职能之间的互动、库存与现金流之间的关系等有一个基本的了解。因为员工在供应链和商品规划职能中工作时不需要对财务工作有深入的了解，所以本章内容只是对财务工作的一个概述。

财务工作的多样性和增值效用远远超过了人们对其业务枯燥乏味的刻板印象。财务部门负责企业中的很多关键业务，如开展管理会计工作、确保企业支付正确的税款、处理供应商发票，最重要的业务之一是确保及时发放员工工资。财务是严肃的工作，有严格的法律规定。如果企业不遵守法律规定，特别是不遵守税收规定，就有可能面临巨额的罚款甚至更严厉的处罚。这意味着财务人员必须始终保持诚信，拥有专业精神。财务人员是企业现金的监护人，他们负责制定各个职能的预算并确保预算得到执行。不同的企业对财务部门的要求也有区别，除了纯粹的财务工作，许多财务部门还要负责专门的报告和商业智能系统，从而支持更广泛的业务报告需求。审计是财务工作中的一个重要方面，审计工作往往也由财务部门负责。审计是指对账目和业务流程进行系统的、独立的检查，以确保业务流程的合规性。审计还会对业务流程存在的风险进行报告，并针对业务流程提出改进建议，以确保整个业务流程没有财务风险。

财务部门在供应链和商品规划部门中拥有既得利益，因为供应链和商品规划部门负责库存和进货预算。供应链部门还可能负责物流工作，在这种情况下，配送成本也会与财务部门产生联系。商品规划部门控制着销售和利润预测，这将是财务部门最感兴趣的部分，因为这将决定企业所需支付的管理费用，并支持财务部门评估企业的盈利能力。

资产负债表和损益表

资产负债表是一种财务报表，列出了企业的资产（企业所拥有的任何有价值的东西）和负债（企业欠下的债务）。其中，资产一般分为固定资产和流动资产。固定资产通常是长期的、企业不打算出售的资产。对零售商来说，门店、固定设施、设备和车辆是最常见的固定资产。流动资产通常是短期的、企业可以迅速转化为现金的资产。对零售商来说，库存、应收账款和现金是最多且最常见的流动资产。负债则是指企业过去的交易或事项形成的，预期会导致经济利益流出企业的现时义务。负债一般分为流动负债和长期负债。流动负债是短期的、通常在未来 12 个月内到期的债务。对零售商来说，12 个月内到期的贷款和应偿还债务、应付货款（欠供应商的钱）、个人所得税和社会保险费往往是主要的流动负债。顾名思义，长期负债是指长期的、通常在 12 个月后到期的债务。对零售商来说，长期负债主要包括长期债务和养老金等。所有者权益是指资产扣除负债后的剩余权益，其计算方法为总资产减去总负债。

损益表是一种财务报表，它展示了企业在一定时期内（通常超过 1 年）的净损益。销售收入减去销售成本可以得到毛利润，毛利润就是商业职能所称的现金利润。毛利润减去管理费用即可得到净利润。净利润是评估企业盈利能力的通用指标，净利润在计算企业价值时发挥着重要作用，尤其对非上市公司而言。令人困惑的是，净利润有不同的算法。对于不同类型的企业，需要采用不同的净利润会计方法。税息折旧及摊销前利润（Earnings Before Interest, Tax, Depreciation and Amortization，EBITDA）是金融分析师常用的衡量企业运营绩效的指标，此指标剔除了与主营业务无关的非现金支出（如折旧、摊销等），专注于企业真实的基础绩效。然而，与大多数财务指标一样，EBITDA 也可以被用来掩盖糟糕的绩效。除了 EBITDA，税前利润和全额净利润也可以用于评估企业的盈利能力。

企业所有权

各类零售商有不同的经营状况和结构，这可能会影响供应链或商品规划职能的运行方式。零售商可以分为两类——上市公司和股份有限公司。属于上市公司的零售商是在证券交易所出售股份的大型零售商，这类零售商要么已经上市，要么是拥有下属企业（通常是其他零售商）的企业集团的一部分。例如，阿卡迪亚集团（Arcadia Group）拥有伯顿（Burton）、多萝西・帕金斯（Dorothy Perkins）、托普（Topshop）、托普曼（Topman）等时装品牌。属于上市公司的零售商的所有权属于风险投资人，或者独自的一个人或小团体。风险投资人投资企业的目的是将来以更高的价格卖出原始股份，从而获得利润，这可能会引发冲突。如果风险投资人只是想从零售商那里获取尽可能多的利润，然后将其卖掉，那么风险投资人对新门店、人员和 IT 系统的投资可能都会停止。供应链和商品规划团队可能会面临降低库存水平的压力，这可能会影响销售。显然，大多数风险投资人并不会这样做，他们希望企业在他人眼里是长期稳定且有盈利能力的，因为这可以使企业对收购者更具吸引力。由个人或小团体拥有的、属于股份有限公司的零售商的股东往往是白手起家的人，这既有优点也有缺点。其优点是由于企业高层与企业捆绑在一起，而且个人利益与企业挂钩，他们会竭尽全力并确保企业的长期增长，所以他们不太可能希望将企业搞砸。其缺点在于，特定的人的其他商业利益与个人风险可能会影响企业的日常运营。例如，如果一家零售商的所有者或主要股东是该零售商的供应商，那么该零售商的供应链和商品规划团队可能不得不接受大量的库存，导致零售商无法保持良好的库存效率。

库存预算

供应链或商品规划职能的主要 KPI 都可能影响企业的库存预算。简单地说，在库存上投入的资金越多，企业可用的现金就越少。从表面上看，减少库存似乎并不能增强企业的盈利能力，但通过释放现金可以减少相关成本从而实现盈利。供应链或商品规划部门可以使用 WSSI 构建库存预算，并将其传递给财务部门。库存预算是影响现金流预测的一个因素。任何零售商的目标都应该是在向供应商付款之前就把产品卖出去，因为这样才能保持良好的现金流。库存量不一定是成功的“晴雨表”，它与库存周转率或库存周数

（库存天数）相关。

库存周转率的计算方法如下：

一段时间内的出库总金额 ÷ 同一时期内的平均库存金额 = 库存周转率

例如，出库总金额为 1000 万英镑，平均库存金额为 100 万英镑，则库存周转率为 10 000 000 ÷ 1 000 000 =10。

库存周数的计算方法如下：

平均每周库存金额 ÷ 平均每周出库金额 = 库存周数

例如，平均每周库存金额为 1 000 万英镑，平均每周出库金额为 100 万英镑，则库存周数为 10 000 000 ÷ 1 000 000 = 10。

库存天数的计算方法如下：

（一段时间内的期末库存金额 ÷ 同一时期内的出库总额）×

该时期天数（通常为 365 天）= 库存天数

例如，某时期天数为 365 天，期末库存金额为 1 000 万英镑，出库总金额为 5 200 万英镑，则库存天数为（10 000 000 ÷ 52 000 000）× 365 ≈ 70（天）。

通过提高库存效率，企业可以更快地将库存转化为现金。财务部门会查看库存预算，并提出改善现金短缺状况的建议。对零售商和大多数企业来说，拥有大量现金储备并不是最佳实践，这些现金最好用于再投资，但这容易导致现金流紧张。在圣诞节前夕，大多数零售商都会购买大量的库存，为销售旺季做好准备。如果供应商的信用期限非常短，就很可能会出现现金流紧张的问题。

销售额、利润和利润率

汇总产品系列计划可以得出销售额、利润和利润率的预算。财务部门需要通过这些数据来评估企业的盈利能力和计算企业需要支出的管理费用。

计算方法如下：

销售额 = 销售价格（不含增值税）× 销售数量

利润 =［销售价格（不含增值税）- 成本价格］× 销售数量

利润率 =［销售价格（不含增值税）- 成本价格］÷ 销售价格（不含增值税）

一些财务部门会根据额外的因素调整销售预算，因为他们认为这些因素会影响交易。但是，为了使销售预算正常发挥作用，原始的销售预算不能考虑任何外部因素。这些因素可能包含多种不同的情况，如客流量下降或增加，由经济因素导致的成本价格上涨，门店开业或关闭等。使用原始的销售预算的问题在于，企业在做预算时可能会忽略这些因素。但是，如果考虑外部因素，当一位产品经理知道因为市场趋势的影响，领带的销量将会降低时，他是否应该将其纳入预算？企业应避免对所有品类的销售额进行普遍性的上调或下调，因为客流量下降可能会对不同的品类产生不同的影响。例如，其中一种品类会直接受到影响，而其他品类可能不会受到影响。此外，如果让多个产品经理汇总其预算调整，那么不可避免地会产生多个预算结果；而如果在最低的层级进行汇总，那么汇总的结果往往更倾向于原始的销售预算。因此，最佳实践是让商品规划部门与财务部门协同工作，以保证预算过程清晰，并将各个品类的动态都纳入可能应用于整个业务的预算调整。

供应链和物流预算

物流成本占销售额的比例往往是衡量供应链和物流运营在成本方面成功与否的最终指标。如果销售额增长 10%，那么理论上物流成本也会增加，尽管两者之间不一定是线性关系。这条规则有一个例外，即销售额增加并不一定会让物流成本增加，因为销售额增加并不一定代表销量增加。如果平均销售价格（Average Selling Price，ASP）增长了 10%，但是销量保持不变，那么销售额也会增长 10%。ASP 的计算方法如下：

给定时期内的总销售额 ÷ 同一时期内的总销量 =ASP

例如，一周的销售额为 100 万英镑，一周的总销量为 10 万个，则 ASP 为 1 000 000 ÷ 100 000 = 10（英镑）。

与 ASP 一样，平均成本价格（Average Cost Price，ACP）和平均库存金额（Average Inventory Value，AIV）是显示业务动态变化的很有用的指标。如果一家零售商看到 ASP 年复一年地增长，那么随着 ACP 的增长，就需要将其纳入库存预算。ASP、ACP、AIV 是比较企业在不同时期业务状态的最佳指标，一般以年或 6 个月、9 个月、12 个月、18 个月、24 个月为时间跨度进行对比。

ACP 和 AIV 的计算方法如下：

给定时期内的出库总金额 ÷ 同一时期内的总销量 =ACP

例如，一周的出库总金额为 50 万英镑，一周的总销量为 10 万个，则 ACP 为 500 000 ÷ 100 000 ＝ 5（英镑）。

某一时刻的总库存金额 ÷ 某一时刻的库存量 =AIV

例如，总库存金额（2018 年 1 月 1 日）为 1 000 万英镑，库存量（2018 年 1 月 1 日）为 500 万个，则 AIV 为 10 000 000 ÷ 5 000 000 = 2（英镑）。

在现实中，AIV 与 ACP 应该是相似的。如果两者之间存在很大的差异，就说明不同定价的产品的销量差别很大。

做供应链和物流预算时要考虑不同的渠道。值得注意的是，由于渠道之间的巨大差异，做预算时可能要考虑成本的增加。例如，由于配送成本增加，电商渠道的销售价格可能会变得更加昂贵。

库存持有成本

库存持有成本是推动企业降低库存水平的原因之一。虽然这与库存预算对现金流的影响不是一回事，但它们是相互联系的。库存持有成本通常被描述为占库存金额的比例，它可以包括许多不同的成本，如税收、员工成本、折旧、保险、储存成本、机会成本和耗损等，这是一份没有尽头的清单。根据折旧和储存成本等可变因素，不同企业的库存持有成本也有很大的不同。学术界提出了许多公式，试图准确地计算库存持有成本，虽然这些公式非常详细且复杂，但仍然有人认为这些公式的准确性存在争议。变量众多和测量难度大使库存持有成本的计算变得十分困难。更大的仓库空间可以使仓储流程变得更高效；仓库扩容成本属于库存持有成本，但是它与库存金额和仓库储存成本之间的实际关系是很难界定的。

存货拨备

存货在大多数零售商的流动资产中占很高的比例，存货拨备是管理存货时使用的一种特殊的会计指标。存货拨备通常是企业为失窃、损耗、废弃或损坏存货而核销的财务数字。企业使用这个数字来确保账面上的存货价值准确地反映了企业的实际存货。每家企业设置的存货拨备都是不同的。存货价值通常要根据存货的老化而减记。对供应链和商品规划团队来说，了解和理解企业存货拨备的价值是非常重要的。企业可以通过冲销存货拨备来减记期末库存，这应该是由财务部门与供应链或商品规划部门协同做出的决策，因为它将影响财务部门的会计账目。如果一家企业的存货拨备占其库存金额的比例很高，就表明该企业的期末库存水平过高。

本章小结

本章介绍了财务职能及其与供应链和商品规划职能之间的关系。本章的主要内容如下：

- 财务概述；
- 资产负债表和损益表概述；
- 各种利润指标；
- 企业所有权及不同所有权类型带来的挑战；
- 库存预算；
- 库存指标的计算方法，如库存周转率、库存周数和库存天数；
- 销售预算及预算调整带来的挑战；

- 平均销售价格、平均成本价格和平均库存金额的计算方法；
- 库存持有成本；
- 存货拨备。

第 8 章

全渠道零售

当今的消费者通过他们所能使用的各种不同的零售渠道进行消费。这些渠道可以是不断增加的线上渠道中的任何一个，如线上平台、手机、平板电脑、社交媒体甚至 AI 技术。大多数零售商都是从实体店起家的，在向全渠道转型的过程中，筹备转型所需的功能和基础设施并不容易。事实上，大多数没有适应这一形势的传统零售商已经出局了。在我们详细讨论全渠道如何影响供应链和商品规划之前，了解关于全渠道革命的一些内容是很有必要的。

全渠道消费者

为了满足当今消费者的需求，零售商必须对他们了如指掌。零售商必须明白，全渠道消费者拥有在几年前根本无法估量的消费能力。如今，当一位消费者因遇到糟糕的服务、不畅的退货流程、产品问题或任何轻微的不便而产生不满时，他很有可能影响数百万的潜在消费者。社交媒体完全打破了交易双方力量的平衡，力量向有利于消费者的方向偏移。以前，让消费者不高兴的结果可能是他们不再去这家零售商的店里购物，并且他们可能会告诉朋友和家人不要去。即便在最坏的情况下，也很少有人真正会被劝止，所以这在过去不是一个问题。而现在，消费者可以在社交媒体上发表不满，并确保每个人都知道让他们心烦意乱的零售商到底有多糟糕。

然而，技术革命也给零售商提供了前所未有的、海量的消费者信息。零售商知道消费者如何购物、在什么设备上购物、在什么时间购物、在搜索什么，这使零售商可以根据消费者的购物倾向为他们提供个性化的优惠。零售商也可以使用一些技术，使消费者的购物流程和体验更具吸引力。一个成功的全渠道零售商需要为消费者创造一个从开始到结束的无缝的购物流程。在一个好的全渠道购物流程中，最重要的因素是不同渠道之间的一致性和便捷性。无论消费者是在台式计算机、平板电脑、笔记本电脑、手机还是在商店购物，品牌和流程必须是无缝的、一致的。传统零售商可以通过在线上展示丰富的内容为自身带来竞争优势。大多数消费者会在线上开始他们的购物之旅，如果零售商提供了大量的数据和内容，消费者就会信任零售商，从而对其产品有更加充分的了解，这使他们在购物时能够做出正确的决定。产品的视频、演示和互动图片都优化了消费者的购物体验。相关研究发现，消费者在网站上互动的时间越长，其购买的可能性就越高。获取消费者信息使零售商能够为消费者提供个性化的服务。零售商可以根据消费者以前的搜索和浏览历史向他们推荐符合他们喜好和兴趣的特定产品，这种个性化服务也可以通过定期向消费者发送电子邮件的方式提供。

全渠道商店

在讨论全渠道零售时，社交媒体、电子商务和智能手机往往是重点，但是传统的零售商店和过去一样重要。为了打造令消费者信服的全渠道体验，从而在与线上巨头的竞争中获得优势，零售商仍有必要通过线下商店让消费者获得产品体验。只有在商店里，零售商才有机会与消费者进行面对面的互动，这也是消费者获得产品体验的最佳机会。全渠道商店不仅是一个存放货物的空间，还是一个为消费者提供互动式购物体验的地方。

为了增加消费者体验的价值，全渠道商店需要对员工进行产品知识和服务方面的培训。如果商店只是一个存放货物的空间，那么如今的消费者只需要看着产品，在网上搜索最便宜的网店购买即可，根本没有必要来到商店。但如果他们看到的是令人信服的展示和知识渊博的员工，他们就可能愿意支付更多的钱。

商店里的各种技术为零售商提供了一个销售产品的机会，它们甚至不需要进货。商店员工可以通过平板电脑向消费者展示他们在线上销售的产品，这为零售商提供了一个增加额外的销售额及向消费者推荐更合适的产品的机会。一些零售商在商店里放置了平板电脑，消费者可以在商店里访问线上销售平台，并直接向商店订购。

由于消费者很容易就能查到产品在其他商店的状态，所以供应率在全渠道环境下比在其他情况下更加重要。为了防止消费者流失，零售商可以提供第二天免费送达服务（从仓库发货），或者直接从另一家商店发货给消费者，但这可能还不够，因为消费者很快就能知道竞争对手的商店里是否有货。

网络和电子商务

在互联网出现之前，零售商要做的就是分析过去的销售情况，进行商品规划并将所有产品发到商店。然后，消费者就会到店里购物。这是消费者可以购买产品的唯一的地方，并且没有方便的方法用于比较竞争对手的产品或价格。有一句谚语是“你不能在仓库里卖货”，但事实上，现在你可以了，并且这部分业务变得越来越重要。

电商订单带来的销售额过去只占零售商总销售额的一小部分，而且订单数量也很少，即便不能真正从中获利，零售商也不会在意。然而，随着消费者生活的日益繁忙、物流基础设施的发展和技术的进步，线上销售开始以比实体店销售快得多的速度增长。一旦潮流开始转向，零售商很快就意识到了电子商务的重要性。现在，大多数消费者的购物过程都是从线上开始的，线上竞争的出现使某些品类的产品的利润率面临压力，因为几乎所有的价格对消费者来说都是可见的和透明的。如果消费者坐在家里下单，零售商第二天就可以送货上门，那么消费者为什么还要开车去商店并花更多的钱买同样的东西呢？价格透明和配送成本的增加降低了零售商的利润率。

然而，对零售商来说，前景并非一片黯淡。全渠道和电子商务的出现为一些零售商提供了进入新市场和测试新产品的机会。以前，这些产品从经济上来讲是没有意义的，因为扩大昂贵的小众产品市场只会占用宝贵的空间，在每家商店都展示这类产品将是一个风险巨大的投资。现在，通过一个网站，零售商可以采购少量这类产品进行尝试。如果卖得好，那么采购更多的产品并将其分配到各家商店中就是值得的。即便卖不出去，风险也是很低的，因为只有少量的库存需要促销，而不需要每家商店都降价数百元进行促销。

通过将商店整合为全渠道体验的一部分，零售商可以获得比线上零售商更大的竞争优势。但问题在于，不少零售商目前并不是按照这种模式运行的。零售商需要改变其经营模式，以满足全渠道零售的需求。消费者希望所有渠道保持一致，包括定价、促销和单一的库存视图。大多数零售供应链的建立是为了在整个网络中提供实时可见的库存信息。当不同渠道有不同的系统和软件时，跨渠道的库存信息就是割裂的。如果不重新设计 IT 基础设施，协调这些库存便是困难、昂贵的，甚至在某些情况下是不可能实现的。

线上市场

大量线上零售商的迅速出现催生了一个名为“线上市场”的行业。即使零售商已经建立了自己的网站来销售产品，它们也可以通过支付少量的费用在其他网站上销售其产品。那么，为什么零售商要把一部分利润分给另一家企业呢？对许多零售商来说，它们网站的流量与一些线上巨头的流量相比微不足道。亚马逊和易趣每天都有数百万次、上千万次的访问量。通过牺牲少量的利润，一家相对较小的零售商有可能把其产品卖给更多的人。

这些线上市场之间的竞争非常激烈，除非是小众产品，否则价格就是一切。这导致零售商需要承担更大的利润压力——记住，配送成本也需要考虑在内。因此，过度依赖线上市场可能不利于零售商获利。作为全渠道战略的一部分，线上市场应该被包括在内并加以考虑，但单纯地追求销量可能会导致利润率较低。

代发货销售

代发货销售（Drop Ship Vending，DSV）是一种电子商务渠道，零售商不持有库存，而是代表制造商、分销商或批发商（即 DSV 供应商）销售产品。零售商会在其网站上展示这些产品，就像展示其他产品一样，所以消费者的体验也基本相同。当消费者购买 DSV 产品时，零售商会把消费者信息发送给 DSV 供应商，后者会直接将产品发送给消费者。零售商与 DSV 供应商提前达成了协议，零售商会收取一定比例的佣金或获得约定的利润。你可能会说这与线上市场渠道相反，但 DSV 供应商利用了零售商带来的消费者流量。

DSV 对尝试扩充产品系列、扩大小众产品和高价产品市场来说是很好的方法，因为零售商不必承担库存和提前采购产品的风险。显然，从这一渠道获得的利润非常微薄，但如果某种产品卖得特别好，那么零售商可能会对产品进行采购。

DSV 也有一定的风险。零售商相信 DSV 供应商能够及时地将产品提供给消费者，所以并不控制 DSV 供应商的供应链，如果消费者对收到的产品或接受的服务不满意，零售商就要接受消费者负面的和具有潜在伤害性的反应。

全渠道商品规划

过去，零售商还在采用单一渠道时，商品规划只关注商店销售的产品。

对全渠道零售商来说，计划人员必须同时为线上和线下销售制订计划，确保两个渠道都有足够的库存。全渠道零售使零售商能够销售更多的产品，但这也增加了零售商的工作量，因为产品组合会变得更复杂。产品生命周期可能更短、更发散，因为线上产品系列的批量更小。需求可能变得更加不稳定。由于价格透明，如果零售商的产品成为市场中最便宜的，那么其需求量可能会在一夜之间飙升。当然，需求也可能很快消失，因为竞争对手可以立即改变价格。一些企业使用价格搜集工具来确保自己的定价是市场中最便宜的。显然，这是一个利润极低的策略，但如果企业只在线上运营，那么管理费用将是最低的。

所有这些因素都增加了商品规划的复杂性，除非有计划地进行促销，否则销量一般不会大幅波动。全渠道商品规划要灵活多变，以适应不同渠道节奏较快的特点。一开始你可能认为分店商品规划和门店补货不受全渠道的影响，但是之后你会发现，分店商品规划无法再使用全部的可用库存，因为必须保留一些库存用于线上销售。

拥有多个仓库的企业可能会为电商订单指定专用仓库并建立单独的库存文件。没有为电商订单单独建立库存文件的企业需要一个流程来保证库存不被全部分配给实体店。一种常用的方法是使用缓冲库存。缓冲库存是指在仓库中设置一定数量的库存，只用于线上销售。一旦仓库的库存达到缓冲库存限制，就不能将更多的库存分配给实体店。产品经理或需求计划员负责根据销售情况设置缓冲库存。一些系统可以根据当前和预测的销售速度自动设置缓冲库存。

全渠道物流

传统零售商转向全渠道零售商会对零售物流产生根本性的影响。零售物流一般定期向商店补货，但现在必须随时随地为消费者送货上门。这影响了整个物流供应链——库存的可见性及位置、配送选项和持续增加的吞吐量所带来的压力。当然，企业要以尽可能低的成本处理这些转变对物流成本的影响，使之接近于转变前的成本。

传统的零售物流流程和系统只能处理简单的库存移动，从供应商那里获取产品，然后直接将产品分配到各个门店。随着零售商转变成更为复杂的全渠道零售商，新一代的物流系统也将使用更多先进 ERP 系统中的技术。这些新的物流系统仍将提供库存的完整性和可追溯性，同时也可以优化库存流，这对提高仓储运营效率来说至关重要。针对复杂的吞吐量（具有多种不同的配送路线），库存流得到了优化，入站流程（如卸货、收货、存储或补货）和出站流程（如拣货、包装、贴标签和发运都会受到监管）。

全渠道检查清单

“全渠道零售”曾经是一个流行词，它被视为一种先进的理念，董事们会用这个词来安抚股东和投资者。在今天的零售业中，全渠道零售已经成为现实。大型零售商正在从商业街中消失，部分原因是它们没有适应不断变化的市场环境。竞争并没有迫使零售商向全渠道零售商转变，相反，消费者改变了零售格局，正如一句古老的商业谚语所说：“顾客就是上帝。”为了成为真正的全渠道零售商，零售商需要做好以下几个方面的工作。

- 转变门店运营模式。零售商需要整合线上和线下两种不同的购物体验。真正的全渠道要实现各个渠道之间的无缝连接。在门店中提供 Wi-Fi 并利用技术来提高消费者体验是关键，虽然零售商可能需要重新考虑门店空间分配的问题。对全渠道零售商来说，尽可能多地堆放产品并不是空间的最佳利用方式。增设 POS 以提供额外服务，推广线上产品系列或引入平板电脑才是更好地利用空间的做法。扩大销售范围和附加销售也可以为零售商带来额外的销售机会。零售商还可以把门店变成“迷你仓库”，为配送提供更多的选择，以降低门店昂贵的运营成本。
- 优化供应链。多种配送方式、单一的库存视图和灵活的分配引发了零售商对快速且智能的供应链的需求。为了保持供应率，零售商需要更短的补货周期，以确保产品能在第二天送达。零售商还必须保证消费者可以查询所有渠道和门店的库存数量，以便消费者在购买时可以看看是否有现货。
- 商品规划。在全渠道的背景下，产品系列规划和促销计划必须考虑多个销售渠道。库存周转速度需要比以前更快，因为在全渠道零售中没有期末库存的位置。分店商品规划需要考虑线上销售的库存，库存必须根据当地消费者的购物特征进行分配。

这三个方面奠定了一个令人信服的、能够实现盈利的全渠道零售业务的基础。

本章小结

本章探讨了全渠道零售及供应链和商品规划如何帮助塑造了零售的新时代。本章的主要内容如下：

- 全渠道消费者；
- 全渠道商店；
- 线上渠道和电子商务；
- 线上市场和代发货销售；
- 全渠道商品规划；
- 全渠道物流；
- 全渠道检查清单。

第9章

工具、报告和文件

概述

不同的零售商会使用不同的工具和文件来组织运行各自的职能，包括供应链和商品规划职能。可以肯定地说，每家企业都会使用不同的工具、报告和文件。然而，企业之间也有一致性，并且处于同一行业中的企业会有更多的一致性。例如，所有时装零售商都会使用 WSSI，可能所有零售商都在使用某种类型的交付时间表。一家零售企业中会有成百上千种不同的报告，而且大多数报告都与供应链和商品规划无关，或者不是主要应用于供应链和商品规划。本章将概述企业主要使用的工具、报告和文件，并介绍供应链和商品规划团队是如何使用它们的。本章只介绍最主要的几种，因为供应链和商品规划团队所使用的报告和文件有数百种之多，其中大多数都非常具体，本章无法全部提及。

周销量、库存和进货表

第 3 章详细地介绍和分析了 WSSI。WSSI 是一种重要的计划文件，它通常以某种形式存在于所有的供应链和商品规划职能中。WSSI 是时装零售业为商品规划团队设计的，它可以展示每周的销售、库存和进货情况。

从表 9.1 的示例中可以看出，WSSI 可以展示关于销售、库存和进货的更多内容。关于 WSSI，我们要记住的一点是，它是一个需要产品经理不断更新和监测的文件。从企业高层的角度来看，这是一个很好的报告，因为它可以在一个页面上显示所有的 KPI 及其预测值。WSSI 通常以品类进行分类，查阅时可以向上或向下滚动，以提供所有业务的概览，也可以按照重要的子类别分类查阅。

线卡

本质上，线卡是以单个 SKU 为基础的小型 WSSI。这是一种简单的工具，产品经理通常在计划进货和管理销售时使用它。图 9.1 展示了基本线卡。线卡可能非常复杂，其中包含 OTB、季节性叠加、建议的进货量、销量、计划销量等，但简单且易于更新的线卡可以发挥最大的价值。线卡通常用于核心、促销和易变 SKU，不断更新线卡需要付出大量的劳动，因此将每个 SKU 都放在线卡上可能不太合适。线卡通常用 Excel 制作，如果数据可以直接导入，就可以缩短更新线卡所需的时间。

表 9.1　WSSI 示例

实际值 / 预测值		实际值	实际值	实际值	实际值	预测值	预测值	预测值	预测值
周次		1	2	3	4	5	6	7	8
周起始日		3 月 20 日	3 月 27 日	4 月 3 日	4 月 10 日	4 月 17 日	4 月 24 日	5 月 1 日	5 月 8 日
期初库存（千英镑）	去年同期	3 801.0	3 903.4	4 130.0	3 960.8	3 804.2	3 738.6	3 653.8	3 488.7
	预算	3 788.8	3 802.6	3 746.5	3 705.2	3 727.7	3 730.1	3 719.6	3 895.2
	实际值 / 预测值	3 398.8	3 565.4	4 039.8	4 028.1	4 210.3	4 161.6	3 986.0	3 717.5
扣除增值税的净销售额（千英镑）	去年同期	332.9	331.0	288.0	320.1	360.8	354.1	319.0	347.8
	预算	406.9	331.2	373.5	358.5	326.6	367.2	352.8	360.0
	实际值 / 预测值	391.5	437.9	447.6	415.7	398.3	394.8	401.2	380.0
利润（千英镑）	去年同期	119.7	118.0	103.1	96.3	63.7	83.5	82.5	73.9
	预算	117.2	94.7	106.1	103.2	70.0	82.0	77.0	79.0
	实际值 / 预测值	81.1	92.9	94.6	94.6	97.1	93.9	92.3	86.3
利润率	去年同期	36.0%	35.7%	35.8%	30.1%	17.6%	23.6%	25.8%	21.2%
	预算	28.8%	28.6%	28.4%	28.8%	21.4%	22.3%	21.8%	21.9%
	实际值 / 预测值	20.7%	21.2%	21.1%	22.8%	24.4%	23.8%	23.0%	22.7%
销售成本（千英镑）	去年同期	213.2	213.0	184.8	223.9	297.2	270.6	236.6	273.9
	预算	289.7	236.5	267.4	255.3	256.6	285.2	275.8	281.1
	实际值 / 预测值	310.4	345.0	353.0	321.2	301.2	300.9	308.8	293.7
进货量（千英镑）	收货量	477.0	832.4	348.3	152.3	0.0	0.0	0.0	0.0
	订单量	0.0	0.0	0.0	0.0	356.2	145.1	147.5	52.6
	即将下单量	0.0	0.0	0.0	0.0	0.0	155.6	42.3	29.9
	采购限额	390.0	237.2	–293.3	–322.9	–482.5	–431.5	–266.4	–22.3
库存周数	去年同期	0.0	18.3	22.3	17.7	12.8	13.8	15.4	12.7
	预算	13.1	16.1	14.0	14.5	14.5	13.1	13.5	13.1
	实际值 / 预测值	10.9	10.3	11.4	12.5	14.0	13.8	12.9	12.7
库存调整量（千英镑）	统计		–13.0	–7.0	–5.2	–48.1	–64.5	–42.2	10.6

SKU：184789　　　　　　　　　　　　　　　　商店编号：287

描述：白色基础漆　　　　　　　　　　　　　　供应商：ABC Paints

	周次	期初库存	销量	期末库存	进货量	库存周数（周）
实际值	1	10 000	574	9 426	500	17
实际值	2	9 926	681	9 245	500	15
实际值	3	9 745	791	8 954	1 000	12
实际值	4	9 954	817	9 137	1 000	12
预测值	5	10 137	1 028	9 109	500	10
预测值	6	9 609	1 584	8 025	500	6
预测值	7	8 525	1 254	7 271	500	7
预测值	8	7 771	741	7 030	500	10
预测值	9	7 530	541	6 989	1 000	14
预测值	10	7 989	499	7 490	500	16
预测值	11	7 990	557	7 433	500	14
预测值	12	7 933	598	7 335	500	13

图 9.1　基本线卡

畅销品报告

顾名思义，畅销品报告是一份展示畅销产品的报告。它可以基于一个品类，也可以基于整个业务。这是一个每周和每天都需要生成的报告，按销售额对 SKU 进行排序，从而显示主要业务的 KPI。图 9.2 是畅销品报告的示例。

与线卡一样，在畅销品报告中可以添加更多的指标，如供应率、每周的周转率、库存持有量、每周增幅等。畅销品报告是一个非常好的快速参考报

交付时间表

交付时间表展示了企业在未来一段时间里所有应交付的货物的情况。它通常以周为单位，按品类展示货物成本。最佳实践是制订一个交付时间表，以便我们可以按天或 SKU 深入了解是什么推动了特定品类的销售额增长或哪些周的进货量看起来偏高。该文件可以用来管理和确定进货量与进货预算，它们反过来会对库存预测产生影响。物流部门通过查看该文件来了解企业的进货情况；通过添加各种数据，该文件可以为进货量预测提供数据基础。WSSI 虽然可以展示未来应该交付的货物和马上发出的订单量，但它无法提供一个关于未来进货量的概述。

图 9.4 是一个交付时间表示例。这张表是按照品类和日期划分的，这通常是在 52 周连续滚动的基础上完成的。这个示例展示了不同品类的实际进货量与进货量预算。第 11 周和第 12 周的实际进货量与预算有很大的差异。企业需要对这几周进行调查，了解是什么原因造成进货量如此之大。根据前置时间的不同，预计进货量可能是无法兑现的。在本例中，第 12~16 周家电类产品的进货量持续减少。如果大多数产品的前置时间为 7 天，那么在最初几周之后这些进货量可能都无法兑现了。

图 9.5 展示了将第 11 周按天和 SKU 细分之后的示例。进货量激增的主要驱动因素是两种无人机的促销活动，这可能是因为通过一次性大批量采购可以得到很大的优惠。

一般来说，进货预算只需要在单个品类及以上的层级进行，所以产品经理或需求计划员应该对品类有很好的把握，以了解各 SKU 的预计进货量是否过高或过低。

品类	日期	2017/05/15	2017/05/22	2017/05/29	2017/06/05	2017/06/12	2017/06/19	2017/06/26	2017/07/03	2017/07/10
		第 8 周	第 9 周	第 10 周	第 11 周	第 12 周	第 13 周	第 14 周	第 15 周	第 16 周
玩具	实际进货（英镑）	1 247 813	1 117 466	1 125 841	1 828 463	1 891 513	980 054	1 111 584	785 152	411 458
玩具	进货预算（英镑）	1 100 000	1 100 000	1 000 000	1 000 000	950 000	950 000	1 200 000	1 200 000	1 200 000
照明	实际进货（英镑）	468 784	421 475	397 742	384 247	421 775	347 325	477 135	412 558	381 185
照明	进货预算（英镑）	450 000	400 000	400 000	400 000	400 000	400 000	400 000	400 000	400 000
电器	实际进货（英镑）	741 555	1 588 412	2 117 474	1 705 218	417 878	248 117	112 254	25 818	–
电器	进货预算（英镑）	800 000	1 500 000	2 000 000	2 000 000	500 000	500 000	750 000	750 000	750 000
办公用品	实际进货（英镑）	201 448	195 147	182 478	214 748	221 479	188 236	201 786	204 486	199 522
办公用品	进货预算（英镑）	200 000	200 000	200 000	200 000	200 000	200 000	200 000	200 000	200 000

图 9.4 交付时间表示例

		2017/ 05/15	2017/ 05/22	2017/ 05/29	2017/ 06/05	2017/ 06/06	2017/ 06/07	2017/ 06/08	2017/ 06/09	总计	2017/ 06/12
品类	日期	第 8 周	第 9 周	第 10 周	第 11 周	第 11 周	第 11 周	第 11 周	第 11 周	第 11 周	第 12 周
玩具	实际进货（英镑）	1 247 813	1 117 466	1 125 841	217 881	547 419	624 789	315 777	122 577	1 828 453	1 891 513
	17418 – 遥控汽车	5 479	5 478	7 851	10 244	–	–	2 147	–	12 391	–
	17849 – 无人机 1	–	–	–	–	100 884	254 899	58 479	62 188	476 450	654 890
	17849 – 无人机 2	–	–	–	–	258 899	214 889	177 188	–	650 976	514 486
	17485 – 儿童四轮车	55 479	60 178	–	12 147	10 258	8 718	9 924	10 217	51 624	–
玩具	进货预算（英镑）	1 100 000	1 100 000	1 000 000						1 000 000	950 000

图 9.5　将第 11 周按天和 SKU 细分的示例

增长表

增长表是企业的一种计划工具，它在制定年度预算的过程中至关重要。它能让企业高层了解整个业务计划在品类层级的驱动因素。不同行业和企业的增长表的设计会有所不同，但增长表在预算计划中是必不可少的。通常情况下，增长表会展示销售额、利润、利润率、同类商品的销售额、销售组合、进货量、周转率和各产品系列过去（至少）两年的 SKU 数量，然后将其与下一年的预算进行比较。企业高层可以看到明年预算的趋势和品类层级的驱动因素，也可以对预算提出建议并进行修改，以推动业务向他们认为合适的方向发展。

产品系列计划

产品系列计划是下一年或下一季度的 SKU 层级的计划。每个 SKU 都将有一个按周预测的计划销量，这些数据将被汇总到增长预算中，进而被汇总到增长表中。产品系列计划在一年中可以灵活地改变，它通常是相当大的文件，由产品经理和采购员共同拥有。企业先制作一个标准模板，再让产品经理和采购员填写，最后创建预算。产品系列计划可以包含销售信息、促销日期、产品系列变更、销量、定价等信息。在每一个交易季中，产品系列计划是一个参考点，便于我们了解产品系列的具体表现。产品系列计划通常很大，无法在纸上展示，因为要按周或某个周期为每个 SKU 输入销售和定价信息。产品系列计划是针对各个品类的主要的详细文件，产品经理和采购员需要花费大量的时间来制订产品系列计划并规划下一年的业务。

退出计划

第 3 章和第 4 章已经讨论过退出计划的重要性，这是一个经常被忽视的领域，我们需要加以关注。企业通常会把更多的注意力放在新产品的推出上，因为这是一件更令人兴奋的事情。然而，从新产品的角度来讲，过多的期末库存很容易破坏新产品的良好表现。

退出计划是一份工作文件，在产品完全退出市场之前，企业需要每周检查一次。为了得到最好的结果，企业应该尽可能早地建立退出计划，这可以给新产品提供一个更好的机会进行有效的销售。为任何产品制订退出计划的目的都是为了实现干净利落地退出，并尽可能避免降价或浪费。

图 9.6 是某产品退出计划示例，正如你所看到的，降价和促销被用来提高退出效率。在这个例子中，第 0 周是退出启动周，为了加快销售速度，企业做了降价。

完整的退出计划应包括退出的产品系列中的所有 SKU。在高效退出和过早出现断货之间，企业需要达到一个很好的平衡。

SKU	A01AA
第-13周	100 000英镑
第-12周	95 000英镑
第-11周	90 000英镑
第-10周	85 000英镑
第-9周	80 000英镑
第-8周	75 000英镑
第-7周	55 000英镑
第-6周	40 000英镑
第-5周	25 000英镑
第-4周	20 000英镑
第-3周	15 000英镑
第-2周	12 000英镑
第-1周	10 000英镑
第0周	8 000英镑
第1周	7 000英镑
第2周	4 000英镑
第3周	2 000英镑
第4周	—

第一次降价，
从29.99英镑降到19.99英镑

退出产品系列，
价格再次下降9.99英镑

图 9.6　退出计划示例

分店商品规划报告

分店商品规划会使用多种不同的工具、报告和文件。门店报告、评分报告和分配计划只是分店商品规划所使用的标准化文件的其中几种。由于分店商品规划通常在较小粒度级别上处理大量的数据，因此我们不可能展示其使用的大部分报告和工具。下面简要介绍一些分店商品规划报告。

门店报告

受各种原因影响，不同的职能在业务中会使用数百种不同的门店报告。零售商可以使用销售数据、销售成本信息、耗损量和许多其他指标来监控绩效。采购员和产品经理可以对销售额、利润率和购物篮构成等指标进行分析。在某些情况下，分店商品规划会考虑所有这些指标，因为它们对库存、补货和销售都有参考价值。但是，分店商品规划主要使用门店数据来凸显问题。如果某个品类或门店的表现低于平均水平，就说明它们出现了问题。低周转率门店和高周转率门店之间存在巨大差异表明分级和补货的效率不高。分店商品规划是唯一关注门店库存和周转率的职能，因此分店商品规划通常会使用所有可用的指标来创建定制的门店报告。

供应率报告

其他职能可能会使用和参考供应率报告，但就采取后续行动而言，分店商品规划是其主要使用者。供应率可以按不同的方法进行细分，包括按门店、品类、区域、等级等细分。一份好的供应率报告可以深入门店的每一个品类，甚至每一个 SKU。供应率低可能是销量差的原因，因此最好将这两个方面结合起来考虑。

异常报告

异常报告可以应用于不同的方面。它们可以被用于突出展示可能需要采取行动的异常情况，例如，当销售预测与实际情况存在较大的差异时就会产生异常报告。在这种情况下，异常报告可以让用户重点关注异常情况，而不是对比所有的销售预测和实际情况。因为门店会产生大量的数据，所以异常报告对提高分店商品规划（和其他职能）的效率发挥着非常重要的作用。拥有 5 000 个 SKU 的 200 家门店会产生 100 万行按 SKU 区分的门店数据！因此，通过异常报告突出展示缺货、高周转率、销量低于平均水平等方面的情况，分店产品经理可以快速地发现问题，而不是通过筛选成千上万行数据找出问题。

使用分店商品规划报告进行分析

分店商品规划报告可能包含大量的数据，通过将数据整理成有意义的组别（例如，按品类、门店级别等），我们可以为管理者提供一些有用的建议。表 9.2 所示的报告表明，通过将各种数据按品类整理成不同的组别，可以使数据变得更加直观。这个报告按产品等级和品类展示了简单的门店信息，产品等级分为 A~D。产品分级在零售中是很常见的，目的是确定并区分表现好和表现差的 SKU。接下来，就可以按品类整理数据。以下信息是按产品等级和品类分类展示的。

SKU 数：相关品类和等级的 SKU 数量。例如，硬盘驱动器品类有 5 个 A 级产品和 40 个 B 级产品，这反映了该报告中的库存周数和供应率与该品类和等级的 SKU 数量有一定的相关性。如果供应率较低，那么这可能是因为相应品类和等级的 SKU 仅有 1 个或 2 个。

库存量：持有的库存。内存品类 A 级产品的库存量为 5.2 万英镑，C 级产品的库存量为 15.7 万英镑。在供应链、商品规划和分店商品规划职能中，库存量是关键指标。表 9.2 展示了库存量，我们可以清晰地看到各类产品的库存有多少。

表 9.2　按产品等级和品类展示简单门店信息的报告

品类	A				B				C				D				新产品			总计			
	SKU 数	库存量（千英镑）	周转周期	供应率（%）	SKU 数	库存量（千英镑）	周转周期	供应率（%）	SKU 数	库存量（千英镑）	周转周期	供应率（%）	SKU 数	库存量（千英镑）	周转周转	供应率（%）	SKU 数	库存量（千英镑）	周转周期	SKU 数	库存量（千英镑）	周转周期	供应率（%）
硬盘驱动器	5	185	4.8	98.1	40	1 147	10.0	94.2	12	391	20.5	93.1	33	510	10.4	80.5		3	6.7	90	2 238	10.1	92.4
玩具		–	0.0		16	853	7.2	82.4	15	410	24.8	90.2	39	465	16.1	85.6	9	43	21.4	79	1 772	10.6	883.0
网络设备	16	324	5.8	91.1	42	852	9.9	93.5	13	222	15.8	96.4	24	234	13.0	96.2	2	36	14.7	97	1 669	9.5	9.4
闭路电视	3	342	5.0	93.7	23	753	6.4	91.7	7	146	10.0	92.0	27	784	16.8	85.7	14	657	15.4	74	2 684	9.2	89.6
打碟师（DJ）设备		–	0.0		30	712	21.6	96.8	16	218	28.5	97.5	71	543	37.0	94.9	4	45	8.5	121	1 520	25	95.9
智能家居设备	3	181	12.6	96.2	26	452	11.5	91.2	17	177	10.5	92.8	92	690	26.7	96.1	6	70	69.6	144	1 572	16.1	94.0
监视器	1	3	5.4	96.2	15	431	18.8	90.8	8	211	38.1	91.3	17	300	49.4	93.5	2	13	21.9	43	959	26.8	93.0
家庭娱乐设备	3	157	7.3	94.2	14	371	8.9	94.7	18	214	20.1	95.5	41	240	26.6	94.0	3	5	10.4	79	988	11.8	94.0
汽车用品	8	44	3.8	96.9	35	346	8.3	92.7	28	216	13.8	93.6	82	347	23.5	94.6	4	36	10.7	157	991	11.4	94.4
内存	8	52	5.5	98.4	36	265	8.5	89.8	18	157	17.4	90.2	24	264	47.1	98.3	5	9	179.3	91	749	13.5	93.3
耳机	2	7	9.0	99.8	41	262	11.7	96.1	30	175	15.0	92.0	87	324	29.3	94.4	15	30	26.1	175	799	17	95.7
计算机配件	5	36	10.8	96.1	30	244	85.0	90.7	17	108	12.5	91.7	16	74	31.2	83.9	9	0.5	57.1	77	463	10.7	90.7
安全设备	4	121	7.3	90.1	18	231	17.4	94.5	22	233	22.0	95.3	38	404	84.6	97.1	3	3	4.6	85	992	21.7	94.5
计算机		–	0.0		4	205	16.1	85.1	5	49	14.8	96.7	37	223	15.4	95.1	1	17	30.4	47	495	15.9	90.6
电源	12	78	6.6	98.4	32	200	9.6	96.0	12	85	34.2	99.0	32	68	26.5	99.6	3	2	20.6	91	434	11.5	97.5
无线电通信		–	0.0		11	194	10.9	92.2	13	134	24.6	94.7	33	198	35.8	97.7		2.5	23.8	57	529	18.5	96.4
游戏设备		–	0.0		7	160	8.3	92.1	24	350	11.3	98.4	35	501	16.3	95.9	21	143	12.7	87	1 156	12.5	94.1
麦克风	2	6	7.6	97.5	17	159	17.1	92.9	11	51	36.4	99.1	36	169	94.2	89.9		2	3.3	66	389	27.6	96.2
DVD	3	17	4.5	96.0	8	153	26.7	95.5	7	54	32.1	98.7	4	12	46.2	100.0		0.6	8.3	22	238	20.4	96.7
家用电器	12	41	6.2	94.6	46	141	7.3	95.0	29	71	8.3	96.7	74	133	25.2	98.5		1	160.4	161	388	9.8	96.0
总计	87	1 594	6.2	96.8	491	8 143	9.7	93.0	322	3 681	16.9	95.0	842	6.492	25.5	98.1	101	1.125	14.4	1.843	21.035	13.8	96.4

库存周数：分店商品规划常用的度量指标。监视器品类 C 级产品的库存周数为 38.1 周。周转周期可以反映该等级和品类的产品的库存效率，并提示哪些品类和等级的产品库存过多或不足。

供应率：产品的供应率。在这个例子中，供应率是按天进行度量的，反映了库存大于零的产品的比例。例如，如果 200 家门店各有 5 个硬盘驱动器品类 A 级产品，那么 98.1% 的供应率意味着有 19 个 A 级产品存在缺货的问题。其计算方法如下：

200 家门店各有 5 个 SKU，合计 1 000 个。

这 1000 个中有 19 个缺货。

19 ÷ 1 000=0.019，即缺货率为 1.9% 或供应率为 98.1%。

让我们从分店商品规划的角度来看这份报告。该报告可以告诉我们哪些地方可能需要进一步的调查。

最高级别的粒度化往往是一个好的开始。在本例中，我们从“总计”列开始。大多数分店商品规划、商品规划和供应链团队的目标是增加销量、减少库存和提高供应率，在本例中也不例外。我们从“总计”列中能得出哪些结论？从图 9.8 中我们可以看到，库存最多的品类是闭路电视，这是否意味着库存过剩呢？答案不是绝对的。该品类目前的库存周数为 9.2 周，这在一些企业中是非常长的，但该企业的总体库存周数为 13.8 周，这表明闭路电视的库存周数是可以接受的。再看 DJ 设备，其库存量排在第 5 位，其库存周数为 25 周，几乎是总体库存周数的 2 倍，这表明该品类的库存过多。这可能是库存过剩，因为补货量远远大于销量，或者该品类的产品的实际销量低于计划销量。如果我们从产品等级的角度来观察，除了新产品，其他产品的库存周数都比较高。这意味着采购员和产品经理已经发现了这个问题，并为企业带来了一些新的、销售速度更快的产品，但企业仍需要加快销售速度，否则 DJ 设备的期末库存可能会出现问题。

通过了解报告和企业平均水平的差异，我们可以在短时间内获得一个较为直观的结论。让我们看另外一个例子。采购员和产品经理都担心闭路电视目前较差的销售状况，但从企业高层的角度来看，闭路电视似乎有大量的库存。我们已经确定，当库存较多时周转速度快于平均水平，这说明要么是产品销量较高，要么就是库存不足。我们看一下闭路电视品类的 A 级和 B 级产品，它们的库存周数分别是 5 周和 6.4 周，供应率也低于销量较高的产品的平均水平。这表明，产品经理需要增加这些产品的补货量，或者增加这些产品的进货量，以获得更好的库存周数和供应率。

我们进一步分析这个例子，闭路电视品类 A 级和 B 级产品需要增加补货，当然也需要更多的库存，但是这样做可能会超出库存预算。在这种情况下，我们需要检查可以在哪些方面减少补货，以便在这种两难情况下腾出预算来采购产品。正如我们已经讨论过的，DJ 设备似乎库存过剩，所以最好减少这类设备的库存，并将省下的预算用于采购闭路电视。将数据按产品等级分组可以在品类层面为我们提供额外的洞察力。

本报告中的内存品类凸显了把品类数据按产品等级细分的优点。从整个品类来看，情况还可以，其周转率与企业的平均水平差不多，供应率虽略低于平均水平，但并没有差得太远。然而，产品经理却在抱怨因采购量太少而导致核心产品的表现不佳；最畅销的产品虽然卖得很好，但其他产品的销售情况却不怎么样。如果我们看一下产品等级的细节，我们就可以知道这是为什么。A 级产品的供应率较高，但是 B 级和 C 级产品的供应率都低于 90%，而 D 级产品（卖的最差的产品）的库存周数高达 47 周。这说明，应该对 D 级产品设置更严格的 OTB，而 B 级和 C 级产品需要增加进货量。

这是一个比较简单的报告，大多数企业都能快速地对其进行分析。可能大多数部门或企业都不会使用这么简单的报告，但它展示了如此简单的数据整理也可以使我们获得强大的洞察力。

本章小结

本章介绍了零售企业的供应链和商品规划职能所使用的一些工具、报告和文件。其中一个重要的结论是，本章给出的示例只是企业所使用的内容的一小部分；同样重要的是要注意，每个部门对数据都有自己的解释方法和一些特定的工具、报告和文件。

本章的主要内容如下：

- WSSI；
- 线卡；
- 畅销品报告；
- 预测与实际报告；
- 交付时间表；
- 增长表；
- 产品系列计划；
- 退出计划；
- 分店商品规划报告，包括门店报告等；
- 分店商品规划报告示例分析。

第 10 章

技术

与供应链和商品规划相关的技术

技术进步一直是供应链和商品规划团队创新的最大推动力，它可以帮助企业实现从简单的库存控制到复杂、动态的供应链管理的转变。数据的可见性和可访问性是供应链和商品规划革命的催化剂，这些数据为管理销售、进货、库存和产品流提供了前所未有的坚实基础。现在，大多数零售商所拥有的数据量都是巨大的，问题是如何将这些数据转换成可用的格式，以便为决策提供建议和帮助。技术当然不仅仅包含数据，软件程序、ERP 系统和移动技术只是在供应链和商品规划职能中使用的几种技术而已。

本章将概述零售相关技术，并重点关注如何利用技术及技术给供应链和商品规划带来的好处。

IT 职能概述

根据角色的不同，IT 职能与供应链和商品规划职能之间的交互水平可能相当高，毕竟系统平稳运行对大多数供应链和商品规划职能来说十分关键，订货系统、补货系统和数据挖掘工具只是供应链和商品规划团队离不开的几个技术。由于它们之间的交互性很强，所以对 IT 职能做一个总体的介绍是很有必要的。IT 职能可以大致分为两个部分，一个部分负责基础设施和技术的日常运行，另一个部分负责软件和系统的开发与优化。很明显，这两个部分之间有重叠，但两者的界限也十分清楚。在现实中，IT 职能有许多分支，所有分支都有专门关注特定技术领域的专家。

IT 职能的基础设施部分往往是面向客户的，其责任是确保固定电话、移动电话、个人电脑和笔记本电脑等设备正常运行，其员工是发生任何与 IT 相关的问题时的第一联络人。大多数零售商都有一个专门的 IT 服务台，员工可以在那里记录问题并请求建议和帮助。最佳实践是确定与问题严重性相关的优先级。优先级通常是有编号的，根据严重性的级别，优先级系统会自动通知该业务所涉及的关键人员。例如，优先级系统可能分为从 P1 到 P5 共五个级别，P1 是最高优先级，P5 是最低优先级。每个优先级都有明确定义的参数，这可以防止某些员工仅仅因为他们的笔记本电脑坏了就将问题升至 P1 级。高优先级问题通常被定义为业务关键问题，如补货系统不能正常工作或有几家门店没有反馈销售情况等，这些都是供应链和商品规划职能中出现的高优先级问题的例子。

IT 职能的另一部分是开发和优化系统，通常较少面向客户。其他职能与这部分 IT 职能交互时，主要涉及系统和软件的改进和升级。供应链和商品规划专业人员不会直接与开发人员沟通；业务分析人员会在最终用户和编写软件代码的开发人员之间充当沟通桥梁的角色，他们负责将最终用户的需求转化为对开发团队的要求。

供应链开发职能

供应链和商品规划系统的可靠性、重要性和规模催生了供应链开发职能。供应链开发职能主要出现在大型零售商中，因为这些零售商拥有足够雄厚的财力和足够复杂的系统。

供应链开发职能的主要任务是协助推动系统优化和改进项目、发展报告与分析功能，以及维护供应链内的各种系统。大多数零售商都会以某种形式在供应链内部实施改进项目。不断审视和优化技术意味着零售商处于一个不断改进的循环之中。供应链开发职能负责落实改进项目，并确保当前业务持续平稳运行。将供应链开发职能从供应链和商品规划职能中分离出来可以使开发工作在不受干扰的情况下完成。数据和分析属于供应链开发职能的一部分，所以一些供应链开发团队还拥有分析人员，他们通过数据、研究和分析来确定需要改进的地方，并为整个供应链生成标准化的报告，以及负责应对其他的特别请求。

可以说，供应链开发职能最重要的工作是维护供应链和商品规划系统。系统出现故障或停机会对供应链和商品规划团队的绩效产生巨大的影响。大型零售商通常有较大的系统，这些价值数百万英镑的系统都经过了精心优化，就像一级方程式赛车一样，它们越复杂，就越脆弱。例如，超市补货系统的崩溃将对超市产生巨大的影响。门店每天都要接收货物，如果它们错过了一次送货或计算补货量时出现错误，就会影响供应率并产生销售损失。

微软应用程序

尽管有其他软件可供选择，但微软的 Office 应用程序往往是零售商和大多数企业最常使用的软件。部分供应链和商品规划职能会以各种方式使用下面介绍的所有或大部分应用程序。任何在供应链和商品规划职能中工作的人都应该能熟练地使用“四大”应用程序（Excel、PowerPoint、Outlook 和 Word）。下面具体介绍这些应用程序，并给出使用示例。

Excel

本书在不同的章节中已经多次提到了 Excel。毫无疑问，Excel 对任何供应链和商品规划职能来说都是非常重要的。Excel 是一个电子表格应用程序，使用单元格网格，通过行（按数字编号）和列（按字母编号）来组织数据。它提供了函数目录，用户可以执行数学计算。此外，Excel 还具有数据透视表等功能，用户可以轻松地将数据转换成方便阅读和理解的格式。Excel 还允许用户以图形和图表的形式展示数据。Excel 中的这些元素很容易掌握，尽管一些公式、数据透视表和图表可能会非常复杂，但这些对供应链和商品规划团队中的大多数人来说都是不适用的。对于高级用户，Excel 支持通过微软的 VBA 进行编程。通过 VBA 编程，用户可以实现普通技巧难以实现的电子表格操作。VBA 可用于自动报告，甚至在整个企业范围内通过电子邮件发送报告。Excel 的另一个得到广泛使用的功能是导入各种来源的数据。Excel 不是数据库，因此数据必须手动输入或导入。WSSI、线卡、增长表和产品系列计划等标准工具通常是基于 Excel 的。

PowerPoint

PowerPoint 是一个演示工具，用户可以通过幻灯片展示文本、图片和图表。PowerPoint 的很多功能可以帮助用户构建演示文稿。用户能以任何形状、颜色和大小添加文本，图片和图表可以移动到幻灯片中的任何地方，并可以旋转和改变大小。音乐、声音效果甚至动画都可以添加到其中。大多数零售商都使用标准模板，这将贯穿整个品牌活动，因此所有演示文稿都会使用相同的格式。“死于 PowerPoint”是业界的一句名言，企业的内部管理有时会因过度使用 PowerPoint 而失去控制，过度使用和依赖 PowerPoint 会导致员工积极性下降。

Outlook

Outlook 是大多数企业用于收发电子邮件的应用程序。除了收发电子邮件功能，Outlook 还包括日历、任务管理器和联系人管理器等功能。通过使用 Exchange 服务器，企业中的众多用户可以访问共享的日历和联系人列表。大多数供应链和商品规划专业人员都会收到很多电子邮件，其中一些是自动生成的报告，直接归档即可。Outlook 可以管理收到的邮件，允许用户自动将电子邮件放入特定的文件夹。过度依赖电子邮件会导致一些问题，因为电子邮件可能看起来不那么“人性化”，所以在理解其内容的过程中容易忽略很多东西。与同事面对面地交谈有助于建立良好的人际关系，从而使问题得以快速解决。

Word

Word 是一个文字处理应用程序，它可以让用户轻松地创建文档。在

Word 文档可以插入图片和表格。在零售企业中，Word 文档主要用于报告和各种流程。不同的标准设计和布局使用户能够快速创建不同类型的文档。信笺抬头和标准格式可以在企业内部和外部使用。大多数供应链和商品规划专业人员通常只使用 Word 的基本功能，而管理人员则主要负责编写报告，因此大多数人对 Word 的接触是有限的。

Skype

Skype 提供即时通信和视频会议服务，许多企业和个人都在使用它。当零售商在不同地区和国家设有办事处时，Skype 尤其有用。让所有人都聚在一个地方开会的成本可能很高，通过 Skype 举办视频会议可以降低成本。同事们可以用自己的笔记本电脑或网络摄像头单独开会，一群同事可以用大型视频会议监视器、麦克风和摄像头与另外一群同事开会。如果你想快速联系某人，Skype 的即时通信功能也非常有用。Skype 的另一个很有用的功能是用户可以根据实际情况设置自己的状态。“请勿打扰”“离开办公室”或“正在开会”状态可以告诉其他同事你没有时间。然而，在企业内部 Skype 很容易被滥用，例如，同事之间可能会建立一条隐蔽的沟通渠道，从而导致员工在互相发信息上浪费太多的时间。

Visio和Project

Visio 和 Project 也是微软的应用程序，大多数供应链和商品规划专业人员都不会使用它。Visio 是一个用于创建流程图和概念图的应用程序，它经常与 Project 一起使用。Project 是一个项目管理软件，用于帮助项目管理人员制订计划、分配资源、跟踪进度和分析工作量。管理人员、供应链项目经理或组织大规模改进项目的开发经理有可能会使用它们。

Access

Access 是一个数据库管理软件，它将数据保存在数据表中。Access 的主要功能是允许终端用户从任何来源访问数据。Excel 没有数据库的功能，也不能用来存储数据，但是 Access 可以用于存储数据。Access 中的数据常常会被导入 Excel 中进行操作，虽然数据操作也可以在 Access 中进行，但它没有 Excel 的部分功能。Access 是一个基于文件服务器的数据库，与客户端 – 服务器数据库不同，Access 不包含数据库触发器、存储过程或事务日志等功能。Access 可以与结构化查询语言（Structured Query Language，SQL）结合使用，也可以迁移到 SQL 服务器上，从而形成一种客户端 – 服务器设计，这种设计可以大大降低维护工作量，并增强安全性和事务日志记录。与 Visio 和 Project 一样，Access 不会被大多数供应链和商品规划专业人员所使用。然而，供应链某些领域的专业人士，如开发和规划人员，可能每天都需要使用 Access。

SQL

SQL 是一种用于管理数据库的编程语言。人们谈到微软 SQL 服务器时常常会提到 SQL。作为数据库服务器，其主要任务是对数据进行排序和检索。Excel 有一个对用户很友好的界面，而 SQL 更加专业化，因为编写代码是为了从数据表中返回数据。SQL 可以对数据进行排序及执行 Excel 无法完成的任务，分析和开发人员是 SQL 的主要用户。供应链和商品规划专业人员很少会使用 SQL，如果一个供应链和商品规划团队必须使用 SQL 来获得其需要的数据，就意味着当前的报告还不够好。

商业智能工具

商业智能（Business Intelligence，BI）是一个综合性的术语，指用于分析原始数据的各种应用程序。作为一个术语，BI 涵盖了许多相关的活动，包括数据挖掘、数据分析和报告。报告套件和仪表盘为用户提供了更好的工具来分析数据。Excel 有其局限性，需要人工干预才能连贯地展示数据。BI 工具则使用原始数据，它们可以为最终用户提供一个简单的界面来快速操作大型数据集。这些 BI 工具通常由具有相关经验的、专业的第三方提供。有了这些工具，所有会操作 Excel 的人都可以创建有意义的报告。这些工具通常十分昂贵，需要内部 IT 部门进行投资及最终用户组中的某些人员协助开发。

企业资源计划系统

ERP 系统是一个打包的业务系统，它基于单一的软件平台和数据库处理事务。它是一种业务流程管理软件，它能让组织使用一个集成了各种应用程序的系统来管理后台职能。简单地说，它是企业中运行各种技术的软件平台的总称。大多数 ERP 系统都有针对不同业务领域的模块，该系统整合了所有职能的信息，并以相同的方式促进不同职能之间的信息流动。ERP 系统非常昂贵。近年来，随着零售商需求的迅速变化，对能够承载复杂系统和遗留软件的基础设施的需求已成为 ERP 系统投资的主要驱动力。由于需要投入大量的资金，许多零售商推迟了更新 ERP 系统的时间，但问题并没有因此消失。过时的 ERP 系统承担了更多的工作，它们最终将花费更多的成本。许多预测、订货和补货系统都是 ERP 系统的模块，市场中有许多不同的 ERP 系统提供商，它们可以满足企业的各种预算和业务需求。像 Oracle 和 IBM 这样的大型企业就提供 ERP 系统。随着云技术的出现，许多较小的企业也逐渐有能力提供 ERP 解决方案。

预测和订货系统

预测和订货系统是供应链和商品规划专业人员使用的主要系统之一。订货在本质上是一种管理，由于一些明显的原因，它非常重要——如果没有订货，企业就没有库存可以销售。许多零售商拥有数千个 SKU，在全渠道时代，它们很可能会在 SKU 列表中增加很多仅供线上销售的产品系列。如果逐个观察每个 SKU 是否需要订货，那么工作效率将会非常低，所以即便是最基本的订货系统也需要具备完成两项任务的能力：一是让用户能够快速订货，二是忽略不需要订货的 SKU。

通过即时访问数据，我们可以基于几个简单的公式和得到认可的业务策略在电子表格中快速构建一个简单的订货系统。预测和订货系统能够提供的真正价值是预测需求、自动订货及突出显示异常以便进行人工审查。如上文所述，这些往往是 ERP 系统的模块，尽管它们也可以是独立的系统。虽然这些独立系统可能很昂贵，但是如果零售商的运营模式相当简单（例如，只有一个仓库），这些独立系统就可以产生较高的价值。投资 20 万英镑可以减少

500 万英镑的库存，这当然是物有所值的。

当零售商将这些系统与补货系统整合在一起时，效果是最好的。门店层级的需求决定了订货量。对大型系统来说，管理和维护系统可能需要好几位全职人员。输入系统的数据应该是正确的，因为输入不正确的前置时间或一次性批发销量可能会影响输出。预测和建议订单是通过一系列算法和业务策略计算得出的。业务策略是一种可变的规则，我们可以将其输入系统以满足业务需求。一个简单的业务策略可能是，无论销量如何，总是希望仓库中至少有 5 个单位的库存。系统了解策略之后，便会确保输入的订单可以满足需求，并保持至少 5 个单位的库存。算法是一组设定好的计算公式，可以用于预测。这些算法在系统内部应该是可以更改的，这样企业就可以根据当时的需求灵活地使用这些算法。季节性和促销活动给预测系统增加了额外的复杂性。季节性不仅仅与时间有关，天气、节日和重大体育赛事的时间安排等只是季节性的外部因素导致需求中断的一些例子。一些极佳的预测系统可以通过使用大数据将诸如天气等可变因素纳入预测。然而，大多数预测系统需要由用户手动输入预测销量或调整季节性因素。促销活动很容易区分，因为企业会制订促销计划，并可以在预测系统中将其标记出来。

补货系统

补货系统在第 4 章中已经介绍过了，因为理解补货系统并与之互动是分店商品规划工作的关键组成部分。从 IT 的角度来看，补货系统和门店轮询可能是系统的一大负担，这也是分店商品规划报告所面临的问题，因为需要处理数百万行数据。正如上文所述，作为完全集成的 ERP 系统的一部分，补货系统得到了最佳的优化。门店轮询（订货）是一项关键的业务活动，许多流程和任务都依赖于它。许多职能都需要最新的销售信息，如果轮询失败，这部分信息将不可见。大多数自动化的拉式补货系统都将门店订单发送给仓库，仓库要准备拣货。如果轮询失败，就会产生额外的成本。必须记住的是，对一个补货系统来说最重要的是可靠且健全。

仓储管理系统

供应链和商品规划职能不会过多地接触 WMS。但是，如果物流业务由供应链经理（主管、总监）负责，物流人员就需要对该系统有一个基本的了解。第 6 章介绍了 WMS 的一些细节。从 IT 的角度来看，WMS 需要与所有的供应链和商品规划及财务系统集成。从供应链和商品规划及财务的角度来看，库存数据的完整性才是关键。如果库存数据不正确，就可能会影响进货量。对财务来说，如果库存数据不正确，库存金额可能就是错误的，这会导致账目错误。与预测系统类似，订货和补货系统的 WMS 可以成为整个 ERP 系统的一部分。一些零售商委托第三方物流（Third Party Logistics，3PL）来管理其仓库，在这种情况下，3PL 会使用自己的软件，并将其集成到企业的 ERP 系统中。不过，这可能会导致一些问题，尤其是在部署的时候。

大数据

大数据和机器学习是科技领域的又一项令人激动的创新和发展。第 19 章将对相关的术语和更多内容进行更详细的讨论。现在，我们概述一下什么是大数据及大数据当前的应用现状。“大数据”是一个术语，是指那些庞大而复杂的数据集，传统的处理系统和软件无法处理它们。随着计算机处理能力和存储能力的提高，人们能够分析大量的数据从而得到有意义的结果。数据量达到什么程度才能被算作大数据并没有具体的定义，因为它具有时间敏感性。10 年前大数据的单位是 TB，而今天大数据的单位是 PB。银行用大数据来分析市场趋势，政府用大数据来确保安全，企业用大数据来分析客户趋势、购买习惯和销售模式，甚至用于设备维护、分析冰箱温度以提高效率等。在供应链和商品规划职能中，大数据被用于前沿预测系统，该系统使用大量的数据来计算外部因素对需求的影响。天气与烧烤类产品价格的上涨之间存在着一定的关系，企业可以利用大数据，根据区域天气预报，对各个区域的需求进行预测。大数据的好处和用处还有待深入发掘。值得注意的是，目前大数据与大型组织的关系比较紧密，因为处理大数据的系统非常昂贵。

产品信息管理系统

顾名思义，产品信息管理系统是集中存储产品信息的系统。产品信息分散在整个企业中，在不同的系统中有不同的产品信息。产品描述和供应商等产品信息保存在营销数据库中，而成本价格和销售价格等产品信息保存在采购系统中。通过建立一个管理和维护这些产品信息的中央系统，不同的职能和位于不同地点的人员都可以访问一致的产品信息。

本章小结

本章的主要内容如下：

- IT 职能概述；
- 供应链开发；
- 微软 Office 应用程序——Excel、PowerPoint、Outlook、Word、Skype、Visio 和 Project、Access、SQL；
- 商业智能工具；
- ERP 系统；
- 预测和订货系统；
- 补货系统；
- WMS；
- 大数据；
- 产品信息管理系统。

第11章

供应链和商品规划职能中的角色

正如本书所提到的，供应链和商品规划职能中的角色在企业之间缺乏一致性。在不同的企业中，供应链和商品规划职能的作用可能大不相同。标准化的缺乏导致不同的企业使用不同的职位来称呼相似的角色。每个行业的专业术语和系统当然会有差异，但是不同的零售商的任务、产出及面对的消费者期望都是相似的，因此消费者会发现在超市里购物和在电商平台上购物有很多相似之处。在供应链和商品规划职能中，这一规则的主要例外是产品经理。大多数零售企业中都有产品经理这一角色，不同的零售企业对产品经理的期望比较一致。供应链的角色界限通常是最模糊的，有些企业可能没有商品规划职能，因此供应链团队会承担商品规划团队需要做的工作；有些企业的供应链团队可能只负责物流和配送业务。

本章旨在介绍供应链和商品规划职能中通常包括哪些角色，他们在供应链和商品规划职能中的位置，以及这些角色的工作内容。本章将展示如何实现供应链和商品规划职能的最佳状态。每家企业都是不同的，因此会有不同的需求和要求。企业中大多数职能性的任务、头衔和职责都是由以前遗留下来的组织结构所定义的。一家企业可能只有一个供应链部门，但是这个部门实际上做的是商品规划部门的工作。这是否意味着这家企业的部门设置建立在错误的基础上？答案是否定的。但是，如果供应链管理人员正在做产品经理应该做的事情，那么企业设置部门的方式可能就是错误的。供应链和商品规划职能的设置不应该是一成不变的，但是既有的组织结构和在其中工作的员工可能会阻碍企业对供应链和商品规划职能的设置做出改进。

各个职能的要求和期望催生了对高素质人才的需求，本章将探讨当今的供应链和商品规划专业人员应该是什么样的。

职能结构

在 20 世纪早期，零售商没有任何标准化的职能结构，当然也没有任何标准化的供应链或商品规划职能结构。即便如此，零售商已经开始设立中央办公室，实际的货物采购和其他活动都是集中式的。这就产生了一个中央化的商业职能，这个职能的任务是选择最好的产品、协商最好的价格，并把产品放到门店里。这往往需要采购库存的人和下订单的人。订单的安排通常被认为是可管理的，因此零售商创建了库存控制或库存部门来下达和跟踪订单，这一般被归为物流职能。其中的逻辑是，“它们与库存相关，因此被归入了物流的范畴”。但是，货物是如何进入门店的、采购的货物数量是否正确却没有得到充分的考虑。随着时间的推移，零售商逐渐发现了正确进货、分配库存及有效摆放货物所带来的价值。这意味着零售商需要改变老式的库存控制或库存职能，并创建供应链和商品规划职能。即使在今天，一些零售商仍然采用库存控制的方法，这通常是大多数零售商所称的供应链。更先进的零售商会在采购的同时进行商品规划，由供应链控制库存流，并更加注重运营。

职能结构的名称并没有那么重要，重要的是它们的行为。如果商品规划职能有能力和责任管理产品流，那么企业中不存在供应链职能也是完全可以接受的，反之亦然。

创建结构

“如果你不能画出你的结构，那么它可能是错的。”这句话不仅适用于供应链和商品规划，而且适用于所有的职能。简洁的报告和清晰的任务安排可以创建一个职责更加明确的工作环境，其中的任务和职责都清晰可见。当通过调整结构、人员和培训可以解决问题时，零售商愿意花费数百万英镑来部署新的系统和方法以整顿表现不佳的供应链和商品规划团队。随着企业的发展，许多结构会自然地变化和发展。这带来的问题是，结构会变得越来越复杂，而员工依旧根据过去的经验执行与过去不同的任务。最佳实践是至少每两年检查一下结构和职责，判断结构是否符合当前和未来的业务需求。正如上文所述，在创建或分析结构时，如果一个结构对各类员工的数量没有正确的安排（每家企业在不同的系统、销售模式和预算下的人员需求都是不同的），就需要确定 RACI 矩阵并对其进行审查。RACI 矩阵是大多数企业使用的责任矩阵，它明确了结构中的每个角色及其应承担的责任。

- R 代表责任人，即那些负责执行任务的人。同一任务可以有多个责任人。
- A 代表批准人，即对任务最终正确完成负责，并将工作委派给责任人的人。批准人的角色通常是资深的，因为只有经其同意，任务才得以启动。对于每个任务或可交付结果，只能有一个批准人。

- C 代表被咨询人，即可以提供关于任务或可交付成果的信息的人。咨询不仅有被告知的意思，还意味着沟通是双向的。
- I 代表被通知人，即那些需要随时了解任务进度或可交付成果的人。通知意味着沟通是单向的，被通知人不会参与任务。通知传达的信息通常是最多的。

图 11.1 是一个 RACI 矩阵示例。责任矩阵很重要，因为它能清楚地说明每个角色在任务中的位置。RACI 有很多种变体，包括 PARIS、PACSI、RACIQ、RAPID 和 DACI 等，每种变体都与 RACI 略有不同，但都很相似。

	采购主管	采购员	助理采购员	商品规划主管	产品经理	助理产品经理	分店商品规划主管	分店产品经理	分店助理产品经理	供应链主管	供应链经理	物流经理
任务												
4.0 促销												
4.1 促销销量预测	C	R	C	A	R	C	I	C	I	C	I	I
4.2 促销分配计划	I	I	I	I	I	I	A	R	C	C	C	I

图 11.1　RACI 矩阵示例

在深入探讨常见角色之前，我们先看看图 11.2，它展示了商品规划职能的标准结构。值得注意的是，这仅仅是一个示例，不一定是最佳结构。只安排一个主管或一个总监是标准做法，如果需要更多层级的管理者，那么通常会引入经理或管理员职位。商品规划经理会被按品类分成不同的小组，每个经理负责一个或多个品类。产品经理有协助其开展工作的助理。这是一个清晰的结构，反映了常见的采购职能结构，即产品经理与采购员协作，商

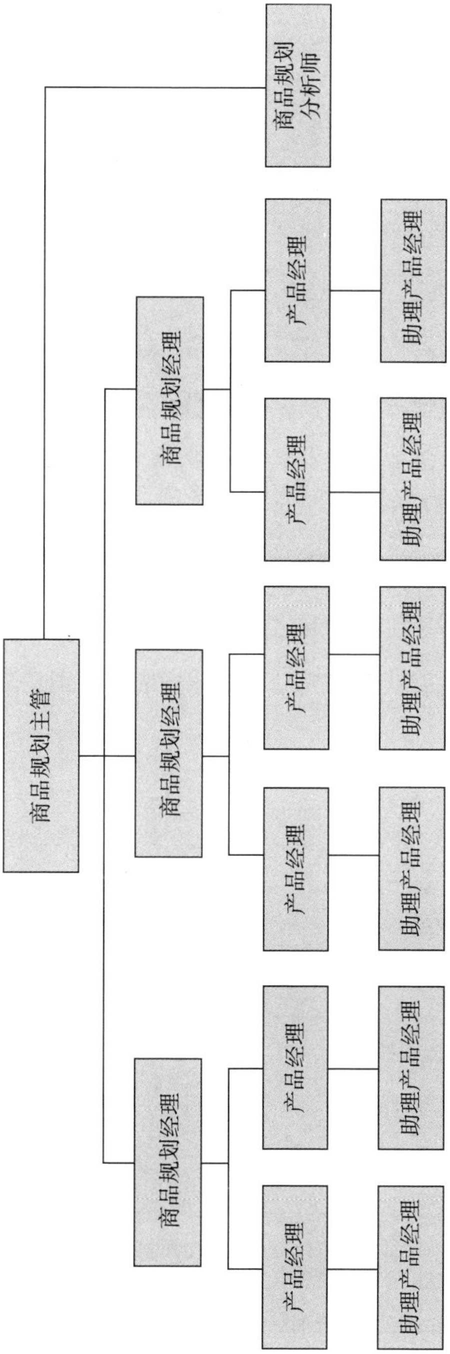

图 11.2　商品规划职能的标准结构

品规划经理与采购主管协作。商品规划职能和采购职能协作，共同做出品类决策。

图 11.3 展示了分店商品规划职能的标准结构。一些较小的企业只有一个小的分店商品规划团队，该团队直接向商品规划团队汇报工作。分店商品规划可以像商品规划那样按照品类划分，也可以按照门店区域划分，或者两者结合。无论采用哪种方式，每个分店产品经理都将负责一组门店或品类，分店产品经理要与采购员及产品经理保持一致。分店助理产品经理将协助分店产品经理完成各项管理任务，并且可能会着重关注分级和分配。分配员通常是最初级的角色，是大多数人进入供应链和商品规划团队时承担的角色。空间规划（视觉商品规划及货位图）通常属于分店商品规划职能。由于它是一个非常专业的职能，所以它通常是一个单独的团队或其他运营团队的一部分。因为分级、包装和货位图绘制之间的关系意味着分店商品规划和空间规划之间有很多互动，所以让空间规划与商业职能（特别是分店商品规划）相结合才是最佳做法。

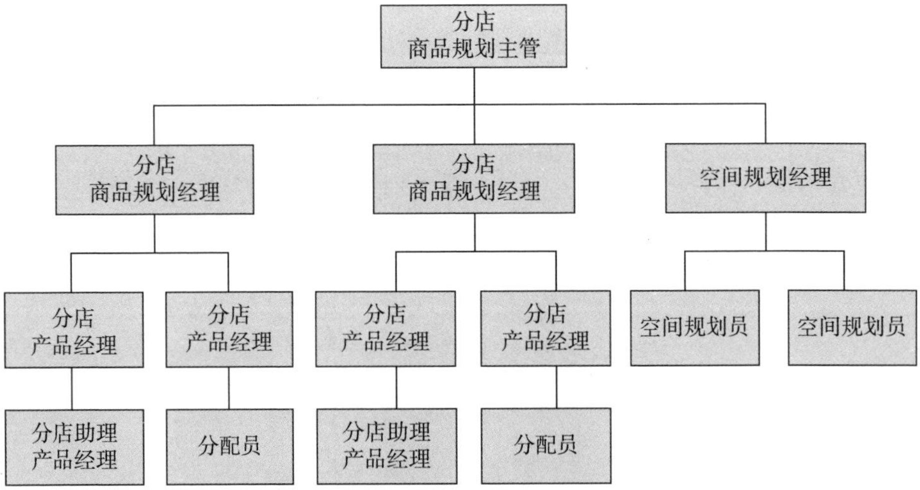

图 11.3　分店商品规划职能的标准结构

图 11.4 展示了以商品规划为主导的企业的供应链职能的结构。正如前文所介绍的，一些企业会通过商品规划职能来进行销售预测和订货，但仍有一些企业仅设置了供应链职能，没有商品规划职能。图 11.4 展示了企业有商品规划和分店商品规划职能时的供应链职能的结构。在这种情况下，供应链职能的作用是管理产品流，更侧重于运营层面。此时，供应链职能主要负责三个方面的工作：供应链，处理货物流入和流出仓库的过程；物流，管理货物的实际移动和储存；进口，管理从海外进口的货物。

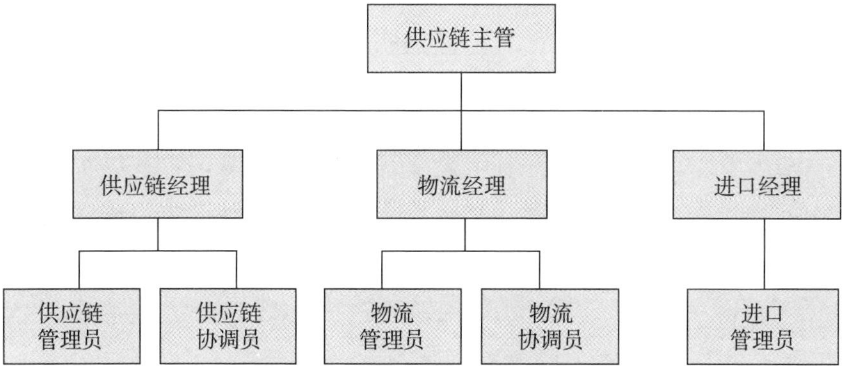

图 11.4　以商品规划为主导的企业中的供应链职能的结构

一些企业没有设置商品规划职能，而是把它完全并入供应链职能，如图 11.5 所示。这类企业通常依据需求计划来进行销售预测和订货甚至采购，但这通常不是一种紧密的关系。需求计划经理按品类分为几组，需求计划员则负责一组或多组品类。在以供应链为主导的职能结构中，物流职能将负责所有的产品流和进口事务。

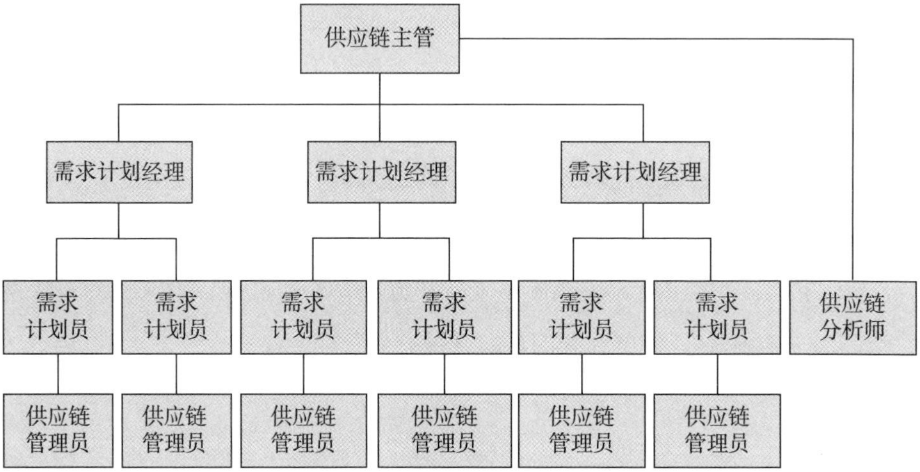

图 11.5　以供应链为主导的企业中的供应链的职能结构

一些较小的零售商可能会有一个较小的供应链团队，如图 11.6 所示。一个较小的预测团队通过一个订货系统为供应链团队提供并更新预测，以便其向供应商发出并跟踪订单。

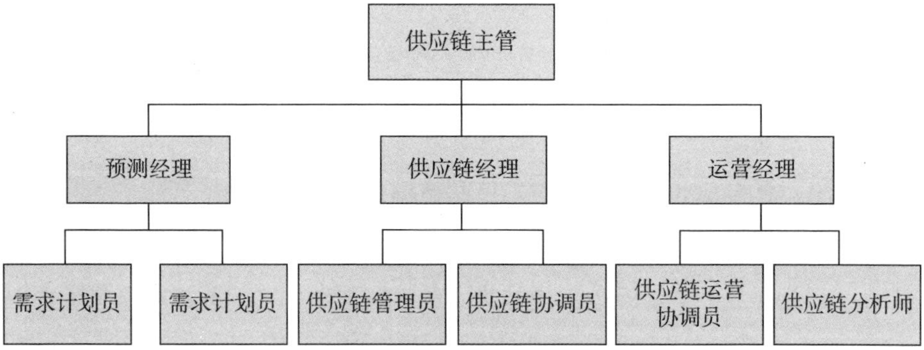

图 11.6　小型供应链团队的结构

角色概述

在零售业，供应链和商品规划职能中有很多不同的职位。在求职网站上搜索一下，或者在 LinkedIn 上看看，你就会发现大量的职位信息。有些职位名称在行业中是很标准的，如产品经理和分配员；有些则对标准职位名称做了稍许改动，如供应链计划员；还有一些在职位名称中加入了有些奇怪的、复杂的头衔，如“供应链、物流和 NDC 运营主管”或“高级库存专家”。角色的名称其实并不重要，重要的是要明确角色和部门之间的 RACI 矩阵。但是，角色缺乏标准化的名称确实会让员工在换工作时遇到问题。例如，一位分店商品规划主管可能正在寻找新工作，但除非另一家公司将相同的角色也称为分店商品规划主管，否则将不利于潜在的求职者和公司本身。

下面介绍不同角色的主要任务和目标、该角色所处的层级及其晋升路线和薪资水平。值得注意的是，薪资水平是一个非常敏感的话题，它受许多因素的影响，如资格和经验。

分配员

分配员通常是供应链和商品规划职能中最初级的角色。由于分配员的数量通常比其他任何角色都要多，并且相关的经验和能力要求也低得多，所以大多数新人都是从担任商品规划或供应链职能中的分配员开启他们的职业生涯的。许多供应链主管或商品规划主管都是以分配员的身份进入企业的，他们的主要任务是尽可能有效地分配库存。分配员按组工作，他们按品类或门店组将库存分配给各家门店。分配员由分店产品经理或分店助理产品经理、需求计划员、配送经理及类似人员管理。分配员的晋升目标是成为分店助理产品经理或助理产品经理。除非补货系统是全自动的，否则几乎所有的供应链或商品规划职能都会设置分配员。即使补货系统是全自动的，门店可能也需要进货，或者需要手动分配库存。

- 年薪一般为 1.3 万英镑 ~2 万英镑。
- 不需要相关经验。
- 最低要求为拥有英国普通中等教育证书（General Certificate of Secondary Education，GCSE）或同等学力，英语和数学最低要求为 C。

供应链管理员

供应链管理员（也称库存管理员）是供应链职能中常见的入门级角色。供应链管理员的主要任务是向供应商订货，在系统中确认订单并确保供应商按时交付。供应链管理员的其他任务包括处理交货差异，以及与需求计划员或产品经理沟通供应商问题。尽管供应链管理员是入门级角色，但对他们的职责要求比分配员更高。对供应链管理员而言，良好的沟通能力和组织能力是必要的。供应链管理员的晋升目标是成为需求计划员、供应链经理或转为产品经理。

- 年薪一般为 1.5 万英镑 ~2.2 万英镑。
- 不需要相关经验。
- 最低要求为拥有 GCSE 或同等学力，英语和数学最低要求为 C。

助理产品经理

助理产品经理是零售业中很常见的职位。助理产品经理是商品规划职能中的入门级角色。虽然是初级职位，但助理产品经理可以通过每天对销售额、保证金和库存周数进行解释和讨论来更好地了解产品经理的工作，也可以很好地理解商品规划的原则。助理产品经理的主要职责是协助产品经理管理品类，甚至独自管理一些小的品类。助理产品经理要帮助建立和完成线卡和 WSSI，并帮助建立产品系列计划。他们会与产品经理和助理采购员进行沟通，并与分店产品经理联系。助理产品经理的晋升目标是成为产品经理。根据个人的工作表现和能力，助理产品经理可能需要 3~5 年的时间才能晋升为产品经理。

- 年薪一般为 1.8 万英镑 ~2.5 万英镑。
- 不需要相关经验，但有一定的商业经验者优先。
- 最低要求为拥有 GCSE 或同等学力，英语和数学最低要求为 C。

产品经理

产品经理是商品规划职能中最常见的职位，他们是商品规划职能的主要参与者，并且处于战略和运营层面之间。他们是零售商日常运营的主要推动者。一位合格的产品经理能提高销售额、利润和库存效率，而一位不合格的产品经理则会起到相反的作用。产品经理可能对战略层面有一定的影响，他们并非初级人员，但主要在战略层面之下开展工作。产品经理的主要任务是汇总报告和浏览数据，所以想要成为一位出色的产品经理，你需要具备良好的分析能力。具备商业头脑也同样重要。产品经理不应该只是“计算器”，因为其真正的附加价值来自做出好的商业决策，让品类获得更好的销售前景。产品经理与采购员一起制定一系列的产品计划，对定价、促销等方面做出决策，并推动商业决策落地。他们的 KPI 将影响一个或一组品类的预计销售额、利润和库存预算。产品经理还要负责管理并更新 WSSI。在助理产品经理的协助下，产品经理将对其管理的品类负最终责任，这将使他们面临达成商业预算的压力。产品经理的晋升目标是成为高级产品经理、商品规划管理员或商品规划主管。这对一位产品经理来说是一个很大的进步，因为他从商品规划职位进入了管理层。因此，当一个管理职位出现空缺时，许多产品经理都会争抢。不过，由于产品经理的重要性，很多人都很乐意在其职业生涯中一直停留在产品经理的岗位上。

- 年薪一般为 3 万英镑 ~6 万英镑。
- 至少要有 2 年的助理产品经理（或类似职位）经验。
- 最低要求为拥有 5 A–C GCSE 或同等学力，英语和数学最低要求为 C。大学本科或同等学力者优先。

需求计划员

在零售业中，需求计划员这个职位是相当常见的。需求计划员可能具有与产品经理相似的 KPI 和期望。需求计划员通常属于以供应链为主导的职能，这让需求计划员更关心获得正确数量的库存，而不是像产品经理那样负责预测销售额和利润。通过与采购员合作，需求计划员可以确保提供合适数量的库存以满足销售需求。需求计划员会与供应商打交道，因此需要具备非常好的分析技能，以及出色的沟通技能和影响力。尽管需求计划员的工作重点不是商务工作，但是需求计划员这一角色仍然需要商业头脑。需求计划员要管理一个或一组品类并与供应商紧密合作，以确保良好的库存流动。需求计划员通常会使用大型预测系统来预测需求并将其与供应商共享。需求计划员的晋升目标是成为管理层级的角色（如产品经理）。

- 年薪一般为 2.5 万英镑 ~4.5 万英镑。
- 2 年以上供应链管理员（或类似职位）经验。
- 最低要求为拥有 5 A–C GCSE 或同等学力，英语和数学最低要求为 C。大学本科或同等学力者优先。

分店助理产品经理

分店助理产品经理是分店商品规划职能中的初级职位。与分配员相比，分店助理产品经理在工作中更多地依赖直觉，这一点与助理产品经理类似。分店助理产品经理的主要职责是协助分店产品经理，具体工作包括维护门店等级，与商品规划和供应链团队保持联系，指导分配员的工作等。在某些情况下，分店助理产品经理可能会管理一些分配员。由于制定分店商品规划需要一定的分析能力，因此分店助理产品经理应具备良好的数学能力和问题解决能力。分店助理产品经理的晋升目标是成为一名合格的分店产品经理。

- 年薪一般为 1.8 万英镑 ~2.5 万英镑。
- 不需要相关经验，但有一定的商业经验者优先。
- 最低要求为拥有 GCSE 或同等学力，英语和数学最低要求为 C。数学水平高者优先。

分店产品经理

分店产品经理都是非常专业的，企业往往很难招聘到合格的分店产品经理。尽管分店产品经理与产品经理和采购员处于同一层级，但可能由于分店商品规划的运营性质，以及大家对分店产品经理在创造销售额和利润方面的作用缺乏认知，所以分店产品经理通常被认为不如产品经理重要。实际上，分店产品经理可以通过更好地安排库存和提高库存效率，潜移默化地推动销售额和利润增长。此外，一位好的分店产品经理可以像产品经理一样有效地推动业务发展。与分店助理产品经理相比，出色的分析技能是成为一位分店产品经理的关键。一位合格的分店产品经理需要具备良好的数学能力和大量的关于 Excel 及相关系统的知识。尽管分店产品经理会花大量的时间进行分析，但该职位仍然需要具备商业头脑和沟通技巧。从本质上讲，分店产品经理要定期与零售团队沟通，这往往需要他们采取一种不同的沟通方式。分店产品经理的晋升目标是成为分店商品规划经理或分店商品规划主管。

- 年薪一般为 3 万英镑 ~5 万英镑。
- 至少 2 年的分店助理产品经理（或类似职位）工作经验。
- 最低要求为拥有 5 A–C GCSE 或同等证书，英语和数学最低要求为 C。数学水平高者优先。大学本科或同等学力者优先。

供应链或商品规划分析师

作为一个专家角色，供应链或商品规划分析师主要利用数据和报告来协助供应链和商品规划职能的工作。有时候，一般的商业分析师会为所有商业职能提供服务。由于供应链或商品规划分析师具有一定的专业性，不是一个初级角色，又由于它介于助理产品经理与产品经理之间，决策能力有限，因此整个职能通常只需要 1~2 名分析师。供应链或商品规划分析师与财务职能联系密切，其主要工作任务是为供应链和商品规划职能提供报告或数据。供应链或商品规划分析师通常需要熟练运用 Excel 和 SQL，并具有良好的分析能力，只有这样才有能力提供一整套报告和处理任何出具特殊报告的请求。

尽管供应链或商品规划分析师不会做出任何商业决策，但他们必须对商业指标有基本的了解。只有具备一定的商业意识，他们才能理解报告的要求。供应链或商品规划分析师并没有一个明确的晋升目标，供应链经理和转向需求计划员往往是最合适他们的晋升路线。

- 年薪一般为 2 万英镑 ~3.5 万英镑。
- 至少具有 2 年的商业经验。
- 最低要求为拥有 5 A–C GCSE 或同等证书，英语和数学最低要求为 C。数学水平高者优先。

供应链或商品规划运营协调员

供应链或商品规划运营协调员并不是一个常见的角色，在零售业中，许多不同的职位履行着该角色需要履行的职责。该角色承担的一些任务或所有任务都可以由本章提到的其他角色来完成。供应链或商品规划运营协调员的主要任务是协调完成团队需要完成的所有运营方面的任务。例如，当出现门店进行召回、发现进货差异和供应商问题等可能会分散和阻碍需求计划和商品规划团队的额外任务时，就需要供应链或商品规划运营协调员出面处理。与供应链分析师类似，这是一个专业性较强的角色，因此整个职能中不需要很多人从事这项工作。因为供应链或商品规划运营协调员需要定期与物流团队沟通，所以他们需要对物流领域有一定的了解。供应链或商品规划运营协调员是一个职级低于产品经理但略高于助理产品经理的角色。同样，他们也没有一个明确的晋升方向，运营经理和供应链经理通常是他们最好的选择。

- 年薪一般为 2 万英镑 ~3 万英镑。

- 至少需要 2 年的从业经验，最好具有物流方面的一些相关经验。
- 最低要求为拥有 GCSE 或同等学力，英语和数学最低要求为 C。数学水平高者优先。

进口管理员

所有从海外采购货物的零售商都需要设置一个专业的角色——进口管理员。进口管理员的数量往往取决于海外货物运输量和进口工作的复杂性，因为进口管理员通常可以独自处理大量的货物，所以企业中进口管理员的数量往往比较少。当然，作为一个专业性很强的角色，进口管理员需要熟练掌握进口知识和有关进口的法规条例。对该角色而言，具备敏锐的细节观察能力和组织能力十分重要。例如，进口管理员可能会因为一些简单的错误而招致 HMRC 的巨额罚款，如果错误没有被及时纠正，重复犯错会导致更严重的后果。尽管进口管理员往往属于供应链和商品规划职能甚至物流职能，但他们都会花大量的时间处理财务、审计或货运代理的文件，所以进口管理员往往被视为处于助理产品经理和产品经理之间的业务协调员。

- 年薪一般为 2 万英镑 ~3 万英镑。
- 至少需要 2 年的进口管理经验。
- 最低要求为拥有 GCSE 或同等学力，英语和数学最低要求为 C。

预测经理

一些规模较小的供应链可能会设置单独的预测职能，B2B 业务通常有独立的预测和供应链职能。由于大多数企业在商品规划或供应链职能中进行预测，因此预测经理和预测团队在企业中往往并不常见。但是，某些供应链可能仍需要预测职能，需要预测经理进行预测。预测经理主要负责确保预测的准确性和订货系统的更新；订单通常由确保订单按计划下达的供应链团队发出。由此可以看出，预测经理的工作与需求计划员十分相似。

- 年薪一般为 3 万英镑 ~5 万英镑。
- 至少需要 2 年的商业经验。
- 最低要求为拥有 5 A-C GCSE 或同等学力，英语和数学最低要求为 C。数学水平高者优先。

供应链经理

供应链经理在商业领域中是一个很常见的职位，大多数 B2B 企业或制造企业都会设置供应链经理这个职位来组织其供应链和订货。但是，这个职位在零售业中不太常见，产品经理或需求计划员承担了这些工作。零售业中的供应链经理需要确保有关库存的运营活动得到有效的管理，这与物流职能有所重叠。管理库存的入站与出站，并进行整体预测，这些都是供应链经理需要完成的任务。虽然该职位名称中有“经理”一词，但供应链经理的大部分工作都是运营层面的。这是一个定位较为模糊的职位，供应链主管和高级管理职位在某些企业的招聘广告中也被称为供应链经理。

- 年薪一般为 3 万英镑 ~8 万英镑。
- 至少 5 年的供应链工作经验。
- 最低要求为拥有 5 A-C GCSE 或同等学力，英语和数学最低要求为 C。大学本科或同等学力者优先。

需求计划或商品规划经理

需求计划经理与商品规划经理的职位名称不同，但他们的职责非常相似。需求计划经理或商品规划经理的主要职责是管理需求计划员或产品经理。一位需求计划或商品规划经理负责一组由几位需求计划员或产品经理组成的团队。他们的职责是确保需求计划员或产品经理达到其KPI。这是一个需要一定程度的战略思考的管理岗位，他们花更少的时间用于从事一线工作，花更多的时间用于审查绩效、发展团队和开发战略。需求计划经理或商品规划管理员会向职能主管或总监汇报工作，让他们帮助推动整个职能的发展。需求计划经理或商品规划管理员的晋升目标是成为供应链主管或商品规划主管，这是向成为高层迈出的重要一步，高层领导着整个职能，因此晋升往往很困难。

- 年薪一般为 4 万英镑 ~8 万英镑。
- 至少 5 年的供应链或商品规划经验。
- 最低要求为拥有 5 A-C GCSE 或同等学力，英语和数学最低要求为 C。大学本科或同等学力者优先。

供应链或商品规划主管

“主管”二字表明担任该职位的人应该是部门中资历最深的成员。但是，许多企业都有几位供应链或商品规划主管，这听起来似乎很奇怪。从技术上来讲，他们应该属于经理或其他管理者，每个职能的主管应该只有一个。各职能的主管将完全在战略层面上开展工作，推动本职能当前战略的执行。他们向企业高层汇报工作，并对整个职能的绩效负责。各职能的主管负责本职能的发展和整体绩效，因此主管需要具有不同的管理技能，例如，必须具备影响力和领导才能，以推动本职能的发展。各职能主管还要负责部门预算，计划和确保正确的员工人数和投资。实际要做的事情是很少的，因为他们会把大部分时间花在报告绩效和制订未来计划以改善绩效上。供应链或商品规划主管的晋升目标是成为企业高层的第一级，通常是先晋升为总监，而不是直接担任董事。

- 年薪一般为 5 万英镑 ~10 万英镑。
- 至少 7 年的供应链或商品规划经验。
- 最低要求为拥有 5 A-C GCSE 或同等学力，英语和数学最低要求为 C。大学本科或同等学力者优先。

供应链或商品规划总监

供应链或商品规划总监并不是董事会成员，但会帮助公司制定总体战略规划。根据零售商的规模和结构，供应链或商品规划总监实际上可能更像是供应链或商品规划主管。如果企业的规模很大，那么供应链或商品规划主管可以分别管理供应链或商品规划职能的不同部分，所有人向供应链或商品规划总监汇报工作，然后由供应链或商品规划总监向董事会汇报工作。大多数供应链或商品规划主管将向负责运营、商务、物流或供应链业务的董事汇报工作。供应链总监对整个供应链负责，而商品规划总监对库存、销售额、利润预算和商品规划负责。供应链或商品规划总监将完全在战略层面上开展工作。他们不应把注意力集中在短期和日常运营上，而应关注制订和执行长期计划。此外，供应链或商品规划总监应该确保他们的工作可以帮助企业实现业务目标。领导能力是胜任这个职位的关键，因为供应链或商品规划总监是相应职能的最高职级，预算计划、实现财务目标和 KPI 是衡量他们成功与否的标准。该职位人员下一步将晋升为董事。如果该职位人员已经是董事，那么唯一真正的晋升目标就是首席执行官（Chief Executive Office，CEO）或董事总经理。

- 年薪一般为 8 万英镑 ~15 万英镑。
- 至少 10 年的供应链或商品规划经验。
- 最低要求为拥有 5 A-C GCSE 或同等学力，英语和数学最低要求为 C。大学本科或同等学力者优先。

采购与商品规划总监

一些企业可能会设置一位采购与商品规划总监来监督采购和商品规划职能。因为采购与商品规划密切相关，所以这是一种自然的搭配。采购与供应链总监是不存在的，因为这两种职能并不相似。由于这两种职能容易相互冲突，因此某些企业可能会设立采购与商品规划总监职位。职能之间健康的紧张关系对企业而言是一件好事，因为它能让每个职能都保持警觉；但有时，健康的紧张关系可能会转变为职能失调，从而导致负面的结果。采购与商品规划总监应该是公正的负责人，能使采购和商品规划职能拥有同等的权力。当然，采购与商品规划总监需要具备相关的领导力并掌握预算技能。该职位人员下一步将晋升为董事。如果该职位人员已经是董事，那么唯一的晋升目标就是 CEO 或董事总经理。

- 年薪一般为 8 万英镑 ~15 万英镑。
- 至少 10 年以上采购或商品规划经验。
- 最低要求为拥有 5 A-C GCSE 或同等学力，英语和数学最低要求为 C。大学本科或同等学力者优先。

晋升路线（层级）

图 11.7、图 11.8 和图 11.9 展示了供应链和商品规划职能中的三种标准的晋升路线。

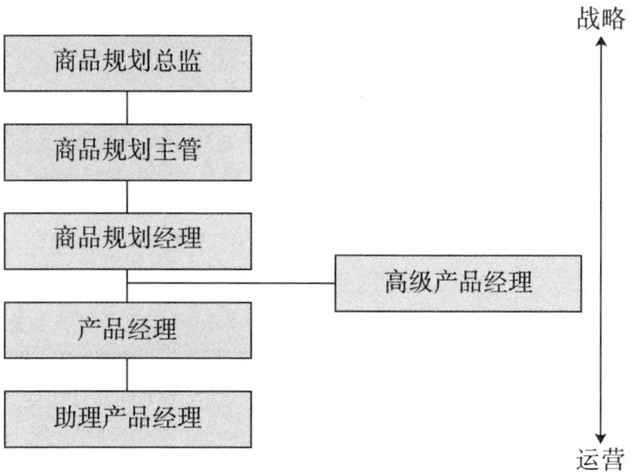

图 11.7　商品规划部门的晋升路线

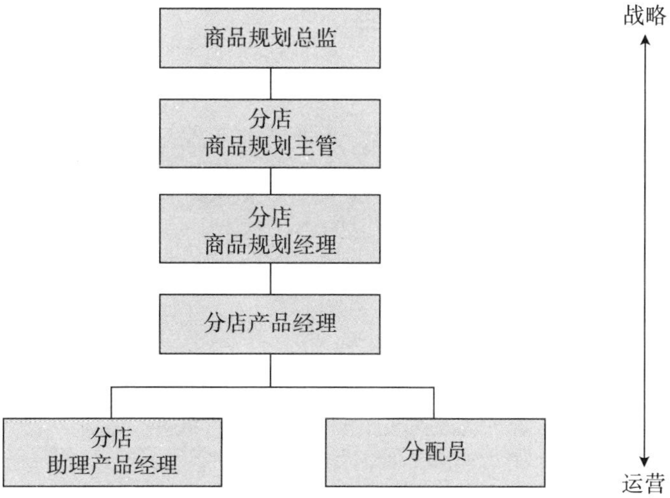

图 11.8　分店商品规划部门的晋升路线

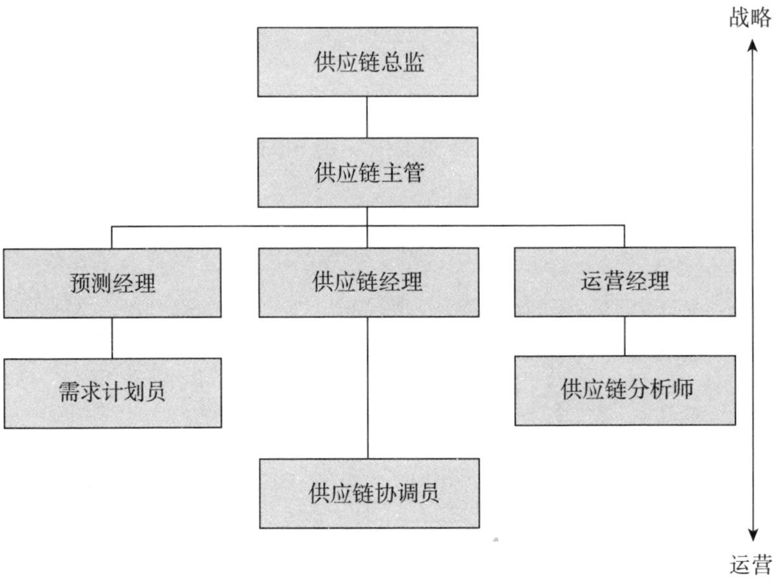

图 11.9　供应链部门的晋升路线

额外的角色和“迷你”职能

本章详细介绍的角色是整个零售业中主要的标准角色。正如前文所解释的，不同企业中相同角色的差异是巨大的，为角色的每个变体或只在一些企业中存在的较小的职能命名只会带来很少的价值，甚至没有价值；但是，其中的一些关键角色和职能还是值得强调一下。

门店支持

实际上，门店支持就是简单的分店商品规划。在拥有许多门店的大型企业中，门店发出的查询和请求的数量可能非常大，因此企业可能需要设置专门的门店支持团队。门店支持团队可能不属于分店商品规划职能，它主要面向门店，只处理门店发出的查询。大多数职能会将这项工作吸收到日常工作中，但由于这项工作可能比较耗时，因此设立专门的联络人可以减轻供应链和商品规划等其他职能的压力。门店支持职能内的大多数员工都是管理员，企业一般设置少数几个经理职位以确保该职能平稳运行。

供应链计划与开发

绝大部分企业都有一个 IT 部门，主要负责技术基础设施及系统和软件的开发。一些企业（通常是大型企业）会设置专门的开发部门负责改进和优化供应链职能的技术和计划能力。大型（和一些小型）企业使用复杂的系统来订货、预测和补充库存。为了使该职能得到改进并平稳运行，不断的开发和优化是必要的。如果想从事供应链计划与开发工作，你需要具备供应链系统方面的专业经验。这是一个非常专业的领域，企业通常会委派专业的企业或承包商来负责这些工作。

促销计划

执行促销活动是一项复杂的跨职能活动，多个职能需要进行详细的计划和组织。这种复杂的计划通常会导致促销流程功能失调或失效。营销职能负责制定和实际执行促销策略，而商业职能负责提供产品，并确保从运营的角度执行促销活动。在大多数零售企业中，错误的做法到处可见；正确的做法是使所有职能保持一致并拥有平等的发言权。零售商可以开展最好的营销活动并提供市场领先的产品，但如果没有库存，促销活动就会失败；或者如果促销活动在所有阶段都没有按照计划进行，最初的计划可能就是错误的。为了在一定程度上消除这些问题，一些零售商会委派一些人员专门负责促销活动或促销计划这一“迷你”职能。促销计划将所有利益相关的职能整合在一起，从而确保所有职能都知晓并参与促销活动。促销计划通常属于商业职能，常常被整合到采购或商品规划职能中，因此理论上不需要专门的计划团队或相关角色。每个产品经理或需求计划员都可以联合采购和营销部门开展促销活动（只要促销计划流程本身是健壮的）。

当今的供应链和商品规划专业人员

本节旨在说明在当今零售业的供应链和商品规划中取得成功所需的行为、态度、技能和能力。近年来，外部环境给零售商带来了巨大的压力。由于员工工资、养老金缴纳等政策的变化，以及货币汇率和技术的快速变化，零售商的成本正在不断上升。街上人流量的减少、日益激烈的线上竞争、经济形势的变化及拥有如此多的可见性和选择的现代消费者，都在挤压着零售商的销售额和利润。这些因素导致零售商需要重新配置基础设施以降低成本，因此目前零售商对供应链和商品规划专业人员的需求比以往任何时候都强烈。大型零售商正在不断停业，零售商数量呈减少的趋势，这将导致很多人失业。这意味着只有优秀的专业人员才能生存下来，只有优秀的人才能进步。如今，一位普通的供应链和商品规划专业人员的知识、资质和能力，要比二三十年前的老式的库存控制或库存团队强得多。

熟练运用Excel

Excel 是一款很常见的软件，大多数在办公室工作的人都知道它。所有的供应链和商品规划团队都会在一定程度上使用 Excel，即使该企业拥有耗资数百万英镑的最佳定制 BI 工具，仍然需要使用 Excel，因为大多数模板和工具（如 WSSI 和线卡）都基于 Excel。任何想要有效地开展工作的产品经理都应接受 Excel 培训，而且至少应该达到中级水平。要想获得进一步的发展，产品经理最好成为一位 Excel 高手。虽然供应链和商品规划专业人员的水平不应该根据他们操作数据或在 Excel 中创建报告的能力来判断，但是熟练运用 Excel 确实有助于他们快速获得信息，脱颖而出。对分店商品规划来说，其员工必须精通 Excel。对管理层而言，他们往往会因为缺乏实践和接触而不具备 Excel 之类的操作技能，不过，最佳实践仍是始终保持良好的 Excel 技能水平。

数据分析

数据分析是整个供应链和商品规划职能中几乎所有角色都应具备的一项关键技能，因为他们每天都要通过回顾数据来解释绩效，并找出绩效增长或下降的原因。这不仅包括查看前一周的畅销产品清单，还包括提供良好的基于分析的决策。如今，大多数零售商都拥有海量的数据，因此员工应该运用数据分析技能将这些数据组织成有意义的东西。过度分析数据或沉迷于分析并不能推动业务向前发展，员工要通过展示数据来演示解决方案。当今的专业人员需要浏览大量的可用数据并做出决策，为了实现这一点，员工需要具备数据分析技能。

商业头脑

商业头脑或商业意识是会计人员与供应链和商品规划专业人员之间的主要区别之一。仅仅擅长分析数字并不能让你成为一位优秀的产品经理。显然，会计人员有自己的技能，但就算会计人员可以提供世界上最好的数据，只要企业没有据此做出决策或采取任何行动来增强自身的盈利能力，数据就毫无价值。商业头脑被定义为对如何做出有效的商业决策，从而提高企业的盈利能力的直觉和理解。简而言之，商业头脑就是通过更高的销量和利润率或降低成本和提高库存效率来增强企业盈利能力的能力。

持续学习

零售业和商业的格局一直在演变，供应链和商品规划职能也在演变。供应链在技术和学术研究方面已经取得了巨大的进步，10 年前很重要的东西现在可能不一定重要了。优秀的专业人员永远都不会停止学习，无论是获得诸如研究生学位或英国特许采购与供应学会（Chartered Institute of Purchasing and Supply，CIPS）的资格证书，还是参加各类活动，都应不断学习并了解整个行业的最新发展。未来的供应链和商品规划总监将被要求用更少的资源做更多的事情，而知识将是解开这些难题的钥匙。

跨职能的知识

供应链和商品规划职能是业务的核心，它们（在不同的层级上）与零售商内部的大多数职能互动。为了让供应链和商品规划职能有效地运行，对不同的职能有一个基本的了解是很有必要的，这也有助于推动变革和其他行动。例如，仓库里有 100 万磅的期末库存，相当于 100 万个单位，产品经理已经对产品重新定价，试图提高销售额，然后产品经理想要把这些产品都推向门店。此时，产品经理需要了解这将如何影响分店商品规划，因为产品经理需要分配库存。产品经理需要了解这将对物流产生什么影响。如果未来几周的预测发货只有 10 万个单位，将会怎样？产品经理还需要了解这将对门店产生什么影响。门店有足够的空间吗？它们能应对增加的交货量吗？大多数决策都会对其他职能产生影响，为了使供应链和商品规划职能取得成功，当今的专业人员需要对其他的业务领域有所了解。

影响力和沟通技巧

正如前文所讨论的，大多数活动都需要其他职能的支持和协作。即使身处助理产品经理层级，也需要具有影响力和沟通技巧才能更好地完成任务。对管理层来说，影响力和领导力是实现 KPI 的关键能力。当今的供应链和商品规划专业人员必须是有效的沟通者和谈判者。每个职能都有自己的工作安排，所以他们有时会拒绝其他职能提出的要求。

行为和态度

前文已经讨论了获得成功所需的能力和技能。行为和态度与能力同样重要，有些人甚至认为行为和态度更加重要。当今的供应链和商品规划专业人员需要具备许多不同的特质才能成功，其中最重要的一点是韧性。供应链和商品规划专业人员需要具有一定的承受能力。供应链和商品规划职能很少会因为一个成功的销售季而受到赞扬，但是一旦出了问题，责备的矛头就会直接指向他们。决心和高尚的职业道德是供应链和商品规划专业人员所必备的，当然，无论从事什么工作，要想取得成功，上述两项都是必要的。供应链和商品规划专业人员的工作时间都很长，尽管企业会鼓励员工尽可能平衡工作与生活，但大多数处于管理层的供应链和商品规划专业人员会发现自己的工作时间很长。毕竟，零售业是 7×24 小时运行的。

本章小结

本章介绍了供应链和商品规划职能的角色和结构。本章的主要内容如下：

- 职能结构；
- 供应链和商品规划职能的标准结构；
- 常见工作角色的详细描述，他们的基本信息、期望薪资及所需的经验和资格；
- 供应链和商品规划职能的标准晋升路线；
- 其他可能出现在供应链和商品规划职能中的角色和职能；
- 现代供应链和商品规划专业人员需要什么样的行为、态度、技能和能力才能取得成功。

第12章

纵向一体化与制造

什么是纵向一体化

传统企业将自己视为独立于与其交互的其他企业而存在的组织。事实上，大多数企业将供应商和制造商视为竞争对手，并且与供应商和制造商形成了一种敌对关系。从字面意义上讲，供应链是一个企业网络，这些企业通过上下游的连接而相互联系，并以产品和服务的形式增加价值，直到这些产品和服务到达消费者手中。下游是用于描述供应链末端企业的术语，上游是用于描述供应链源头企业的术语。例如，一家香肠制造商的上游是提供肉类的屠宰场，屠宰场的上游是养猪场；该香肠制造商的下游是香肠包装厂，香肠包装厂的下游则是储存和销售香肠的超市。在供应链中，这些企业为了取得成功而相互依赖，并在产品向下游传递的过程中获取一小部分利润。纵向一体化是指企业拥有部分或全部上下游的供应链。在零售业中，有许多零售商在某种程度上都采用了纵向一体化模式，但纵向一体化的水平可能会有所不同，这通常会影响零售商及供应链和商品规划团队的运行方式。一家企业不是非要拥有供应链的所有要素才会被归为纵向一体化，但它至少应该拥有供应链的一个要素。对零售商来说，这个要素往往是制造商，因为零售商本身处于（或接近）供应链的终端。众所周知，纵向一体化很难实现并成功运行。对于纵向一体化的优点及是否应该鼓励纵向一体化，学者和企业高层常常存在分歧。许多人认为，尽管控制供应链可以给企业带来一定的优势，但核心业务的重点可能会因此被抛在脑后。纵向一体化在超市、时装和高价产品零售业中最为常见，因为在这些行业中，自有品牌产品占据了相当高的比例。

纵向一体化的优点

纵向一体化的优点显而易见。通过控制不同的流程，企业可以获得本应由供应商或制造商获得的利润。例如，如果一家零售商拥有 3PL 和运输服务提供商，这些企业就能赢利（通常称为管理费）。如果零售商能在拥有并经营物流和运输业务的同时以相同的成本为自己提供服务，就能把这些利润留给自己。大多数零售商同时销售自有品牌产品和品牌产品。自有品牌产品是指专门为特定零售商包装、品牌化和制造的产品，品牌产品则是可以通过很多零售商销售的、拥有独立品牌的产品。通过制造和生产自有品牌产品，零售商可以获得更高的利润率或主动地降低销售价格。纵向一体化的优点并非只体现在财务方面，企业也可以通过拥有供应链中不同要素的所有权和控制权提高自身的灵活性和响应能力。一家供应商可能同时向几家不同的零售商供应产品，但如果供应商的库存开始短缺，就无法满足所有零售商的订单。如果零售商自己生产产品，就可以获得生产出来的全部产品，以避免供应短缺的发生。当产品需求意外增加时，企业与制造商有直接的联系可以增强企业的响应能力，因为制造商可以迅速开始生产。如果系统允许，制造商会得到实时的销售反馈，以更加灵活地安排生产，这不仅减少了浪费，还降低了生产成本。这种灵活性的另一个优点是，通过投资于专用资产并更好地控制投入，企业可以将自身与竞争对手区分开来，从而获得竞争优势。如果一家零售商看到了其他零售商没有看到的趋势，该零售商就可以进行内部制造，从市场先行者的优势中获益，并在竞争者不知情的情况下生产产品。从供应链和商品规划的角度来看，纵向一体化能使企业更好地按时交付全部产品、缩短前置时间并降低成本。

纵向一体化的挑战

虽然理论上纵向一体化可以为企业带来许多好处，但这一战略同样也存在着一些重大挑战。除非企业已经拥有供应链中现有的要素，否则新建立任何要素都要付出昂贵的成本。建立这样的要素不仅成本高昂，而且需要企业招募专业人员或通过培训让员工掌握供应链的专业技能，这可能会导致企业的关注点偏离核心业务。尽管供应商的利润被保留在企业内部是纵向一体化的主要好处之一，但前提是企业能够以相同的成本提供类似的服务。另外，供应商通常是其所处领域的专家。例如，3PL 得益于集团采购能力及其多年来积累的知识和资源，这意味着 3PL 的成本可能比企业内部物流更低。这一点可以适用于供应链中的所有环节。此外，虽然企业自己生产产品确实使控制能力、响应能力和灵活性得到了改善，但这可能导致库存过剩、浪费甚至责任问题。由于零售商是其生产的产品的唯一买方，因此任何过量生产的产品都归零售商所有，零售商不能将其退回给供应商或取消 PO，必须在内部进行处理，这很可能导致库存过剩、期末库存结余或损耗问题，这些都会影响利润。如果零售商生产的产品发生保险理赔，就会产生责任问题。例如，如果一个自有品牌的充电器着火了，损坏了消费者的房子，零售商就要承担责任；但如果这是一个品牌产品，零售商就可以把责任转移到供应商身上。还有一个挑战就是，如果企业拥有制造业务，生产过剩和不同实体之间的销售转移就很可能导致功能失调。如果零售商下游被迫接受大量实际上并不需要的产品，就可能会给供应链和商品规划团队带来挑战。

制造及生产计划

如果零售商拥有并运营生产设施，生产计划的要素就可以归入供应链和商品规划职能。最佳实践是向供应商提供预测，而零售商对生产预测流程并不陌生。生产预测与未来的需求密切相关，零售商在做预测时需要达到更高的精度水平。正如上文所述，缺乏应对生产过剩的灵活性可能会引发一些问题。一些零售商通常不会购买 100% 的成品，它们可能会购买可以在仓库或装配厂组装为成品的组件。如果组装一个成品需要三个组件，那么在这种情况下，只需要将 SKU 的需求乘以三即可，但在许多情况下，一个组件可能涉及多个 SKU，而每个 SKU 的销量都不同，这时就需要零售商做更详细的计划。即便如此，预测组件需求的基本原理与预测成品需求的原理基本相同。

关于纵向一体化的战略问题

正如本章开头所述，企业可以采用不同水平的纵向一体化战略。但是，在不同的竞争条件下，哪种一体化战略最有效呢？虽然纵向一体化是企业会考虑的多样化战略之一，但类似企业获得成功并不一定意味着它同样适用于你的企业。影响纵向一体化程度、阶段、广度或形式的因素有哪些？它们如何影响盈利能力？零售商总是在寻找提高利润的方法，而实现这一目标最简单的方法就是建立或买下上游的供应链业务。然而，企业制定战略时需要考虑许多因素。

纵向一体化的广度取决于零售商将在内部完成哪些活动（包括设计、制造和配送）。一个常见的纵向一体化的例子是零售商拥有自己的运输网络，另一个例子是服装零售商自己设计和制造衬衫。每一项不同的活动都可能涉及若干步骤，当然，零售商可以决定是否完成这些步骤。例如，零售商可以加工所有的衬衫，但不自己生产纽扣，这体现了纵向一体化的阶段。每个活动的纵向一体化程度可以是不同的，高度纵向一体化的企业几乎会百分之百完成特定的活动。相反，纵向一体化程度较低的企业会从外部购买或向外部销售部分服务或材料。纵向一体化的形式可以提高资产风险及企业的灵活性。尽管企业可能更倾向于直接收购贸易伙伴的企业，但毫无疑问，在某些情况下，设立合资（或无所有权）企业可能更合适。

纵向一体化获得成功的关键是在特定的时间内业务应该进行多大程度的整合，整合业务流程应该进行到哪个阶段，每个任务应该在内部完成多少，以及企业应该采取什么形式等。显然，企业应该将纵向一体化推进到什么程度及采取什么战略不仅仅是供应链和商品规划层面的决策，还是一个高层决策，需要企业在各个方面进行投入。

本章小结

本章介绍了纵向一体化的基础知识，以及它是如何改变企业的运行方式并影响供应链和商品规划活动的。本章的主要内容如下：

- 什么是纵向一体化；
- 纵向一体化的优点；
- 纵向一体化的挑战；
- 制造及生产计划；
- 关于纵向一体化的战略问题。

第 13 章

时装零售业

时装零售业与商品规划

多年来，时装零售业一直处于商品规划的最前沿。超市在物流领域不断地取得进步，与之相比，时装零售业的本质要求它首先是一个高度灵活的“交易机器”。

早在 20 世纪 90 年代，时装零售商的交易周期就分为了春夏和秋冬两季，这两季可以进一步分为不同的阶段。例如，秋冬季大致可以分为两个阶段，第一个阶段是 8~10 月，第二个阶段是 10~12 月，以圣诞节产品为重点。如今，上述情况发生了巨大的变化。尽管像托普这样的快时尚零售商以 6 周一次的频率更新产品，但物流的改进、互联网的普及与不断增长的消费者需求仍然重新定义了整个时装零售业。因此，现在不论目标消费者的需求如何，所有的时装零售商都希望提高产品更新的频率，这也为产品经理的崛起铺平了道路。在充满各种不确定性的世界中，他们的技能对企业获得一定的控制力来说变得越来越重要了。

时装产品经理

首先要明确的是对产品经理的要求（包括素质和资格），这些要求是员工成长为合格的产品经理的基础。产品经理最重要的技能就是精通数学。但矛盾的是，对分析和数学的过度依赖可能会导致数学能力有限的产品经理不喜欢担任这一角色。虽然有许多优秀的产品经理具有会计方面的背景，但也有无数不愿意承担风险的会计人员对产品经理所需承担的风险明显地感到不适应。"商业头脑"是对产品经理所需具备的主要素质的统称，通常被定义为在任何给定情况下做出正确商业决策的能力。虽然善于计算确实是有帮助的，但敏锐的商业嗅觉可能是更有价值的。如今，大部分产品经理都有学位证书，但许多优秀的产品经理后来能成为商业领袖并不是靠自己的学术背景，因此，一些零售商在资格认证方面会更加灵活。如今，要想踏上产品经理之路，具备学位、数学能力、商业头脑及较强的书面和口头沟通技巧将是一个极好的开始。

时装零售业商品规划职能的晋升之路

分配员

在时装零售业，在商品规划职能内部有一条清晰明了的职业发展道路。在职业生涯刚起步的第 1 年，分配员需要在一个单独的部门（如配件部门）内，负责按照产品系列计划的说明，及时将产品以正确的数量和正确的门店进行分组（也就是分级）。一个理想的开始是先学习采购和商品规划职能运行的具体细节，并了解产品线的生命周期。分配员可能处于以下两种组织结构中。一些零售商选择将自己定位为集团，通常依赖于分店商品规划。在这种情况下，零售商的主要优势是能从整体收益最大化的角度制定决策。其他零售商可能会选择让它们的分配员在产品部门工作，并向产品经理汇报工作。在这种需要基于数量制定决策的情况下，零售商可能无法始终从最佳的整体产出中受益。例如，在指定的一周内可以发到各门店的产品数量是有限的，如果决策是由总部制定的，企业就很可能会做出一个公平且具有商业可行性的决策，否则决策要么偏向最需要补货的部门，要么偏向最有可能实现利润最大化的部门，甚至导致各个部门之间出现分歧，这些都是可能出现的结果。在这种情况下，分配员将由分店产品经理管理。在相同的场景中，如果零售商将分配员下放到各个部门，完全有可能出现“先到先得”或“喊得最响的人获胜”的结果，但这未必是最好的结果。不过，公平地说，对想要在时装零售业的商品规划领域取得成就的人而言，在产品部门接受日常业务的磨炼，在产品经理的协助下熟悉计划流程，通过深入一线加速学习过程，这实际上是一条更好的成长之路。

助理产品经理

职业发展道路的下一步是助理产品经理。该角色在整个时装零售业中比较一致，主要分为两个阶段。在最初接受任命时，由于这个职位的层级相对较低，但会涉及很多部门的管理工作，因此其主要任务是开展分析并在上级的指导下开展工作。有经验的助理产品经理将会负责一个小部门。例如，定制西装部门可以分为几个较小的部门，如西装外套、西装裤、正装裤、正装外套、正装夹克和马甲等部门。马甲部门是一个低风险、低价值的部门，可供选择的种类较少，它是助理产品经理开始工作的理想部门。助理产品经理可以与采购员一起设计产品系列，并管理整个部门。在这个阶段，助理产品经理的任务与产品经理的任务相似，但仍在产品经理的监督之下。随着能力得到证明，助理产品经理将会得到晋升，进入职业生涯的下一个阶段。

产品经理

在时装零售业中，产品经理是一个具有广泛而深远影响的角色。产品经理需要考虑许多不同的动态因素，其中最重要的是要直接承担直线管理责任并完成相关的一切工作。这是产品经理的首要任务，但在时装零售业中，产品经理还要面临更为独特的挑战。在当前竞争激烈的零售环境中，无论目标消费者是年轻的时尚消费者，还是更加成熟的消费者，零售商都面临着需要向产品不断注入新元素的压力。线上渠道的复杂性显而易见，但它同样被证明是一种优势。但是，产品经理有一项任务很明确，那就是在每个销售季开始时与采购员一起构建一个或一组能够按时交付的产品系列，实现销售和利润预算，并保证其处于事先确定的库存预算范围内（包括结余或期末库存）。这项任务是持续的、周期性的，而且在许多情况下，企业的财年与销售季或商品规划职能的主要报告工具 WSSI 的周期并不匹配。

在时装零售业中，产品经理通常需要同时管理多个销售阶段和多个销售季，包括当前产品（已经在门店中或线上供应）、马上上市的产品及正在降价退出的产品，并且如果产品经理负责不同的品类，那么产品周期很可能位于关键路径中的不同节点。例如，衬衫通常是从亚洲采购的，前置时间通常超过 3 个月；而领带可以从欧洲或英国制造商那里采购，前置时间一般为 4~6 周。当考虑这些产品系列时，企业需要一个具有组织能力和商业头脑的角色来计划它们在时间轴上的各种安排。因此，一旦确定了工作目标，任务和角色就可以分为两部分——计划和交易。

计划

即使在快时尚零售业，计划的重要性也不容忽视。一个销售季或一个年度成功与否，往往取决于一开始制订的计划的质量。企业应在发布一个产品系列之前召开一系列会议，从关键路径中的最远点开始，使各团队能够开始进行采购、开发和交付。这个过程可以分为以下三个阶段。

（1）确定产品系列的方向：产品经理和采购员会提供一组信息，概述下一季度的预算和产品方向的计划。高级经理（商品规划或采购主管，商品规划或采购总监）将对这些计划进行指导，确保每个部门的计划都可以实现足够的销售额和利润，从而实现企业目标；并根据已经发布的设计概要和当季主题把握产品系列的方向，编写草案，进而开始创建产品系列计划。

（2）选择产品系列：在确定产品系列方向后的一个月到六周内进行，在此阶段，企业将得出一个完整的产品系列计划及供审核批准的样品。产品经理会拟定一份分析企业和特定部门 KPI 的报告，并由高层召开会议予以审核。该报告通常包括对价格、颜色、款式、时尚性、新颖性和供应商的分析，并与上一季的情况进行对比，概述增长和下降的趋势。会议的主要产出是对产品系列和部门的微调，为召开最后一次会议做好准备。

（3）确定产品系列：在选择产品系列之后的两周到一个月内进行，在此阶段，产品经理基于上一阶段的调整更新所有的信息，产品系列将以供董事会批准并开始实际执行的形式展现。WSSI 的草案副本将提交审批。董事会对各个产品线的采购数量、采购时机、月度库存水平及计划的期末库存水平和季末降价幅度进行评估，直到完成最终审批。在此之后，对所确定的产品系列进行管理的挑战才会真正开始。

关键路径管理（计划）

关键路径是指产品进入企业并准备好进行销售这一流程。它的形式可以是一个文档，也可以是一个系统，但都包含相同的步骤。之所以这样说，是因为一旦产品系列获得批准，它在门店或线上开始销售的日期通常是不可变更的。如果在开发阶段出现了延误，就可能会导致产品无法按时上市，这会造成严重的后果。商品规划团队通常负责关键路径，争取获得采购、进口、设计和质量保证等职能的支持。关键路径包括许多步骤，如批准面料、辅料、颜色、尺寸规格、标签和照片等，所有这些步骤最终都指向发货环节。任何可能导致发货延迟的问题都非常棘手，在计划流程的这一关键阶段，纪律是关键。如果出现问题，提出创造性的解决方案也是关键。产品经理需要管理数百种款式，所有款式都必须同时准备好，这种确保产品成功上市的韧性是成为一位出色的产品经理的先决条件。

交易

产品到货后，交易便开始如火如荼地进行。所有行业都有计划，但只有时装零售业需要以6周为周期更新80%的产品，而且取得了一定程度的成功。这正是商品规划对时装零售业如此重要的原因，也是这项工作如此专业的原因。有太多的因素可能打乱最佳计划，例如，天气变化、供应能力不足、以前的产品没有达到既定的销量而导致库存空间不足、意外的竞争对手活动及没有选择正确的产品系列等，都可能会导致企业需要以不同于原计划的方式进行交易。产品经理实际上并不采购产品，采购员有选择产品的眼光，企业应鼓励他们进行创新并给予他们一定的发挥空间，只有这样他们才能从固定的组织架构中脱颖而出。事实上，产品经理可以在一个不错的销售季里最大限度地增加利润，也可以在一个差劲的季度里尽可能地减少损失。

时装零售业的交易过程涉及众多因素。直线式的思考方式是没有帮助的，因为可能出现的无数问题是不可预测的，并且由于时间和环境等因素，表面上看起来相同的问题的解决方案可能是不一样的。

时装零售业用于交易的工具如下。

- WSSI：包含销售额、库存量、降价、利润的历史记录和预测。产品经理必须根据自己的观点预测未来的情况，并做出必要的商业决策，以使风险最小化、利润最大化。
- 线卡：用来预测产品的表现，并据此进货。它通常用于季节性的产品（连续性），但也可以用于预测季节性的采购。
- 交付时间表：最新的产品交付日期和时间记录。
- 畅销品报告：详细说明每类产品的销售状况。
- 产品系列计划：产品系列内所有产品的详细清单，包括供应商、成本价格、销售价格、进货价等。
- 降价或期末库存预测：用于管理业务中的剩余库存水平。

最后一个要素是在时装零售商中运营一个部门所需的商业头脑。

例如，某产品原计划每周销售 1 000 个，但实际每周只销售 2 000 个，这让人很头疼。此时要问的问题是：我能及时地再次订货吗？这种产品是否可以在下一季继续销售？在这个前置时间内还有其他的产品可以替代它吗？如果前置时间太长，我可以从其他地方采购这种产品吗？在解决这个问题之前，我如何填补货架上的空位？

每个问题都有许多变体和可能的答案，所以很明显每个问题都有多种解决方案。在某些情况下，再次订货是可以的；但在另一些情况下，最好的办法是等待已经计划好在下一阶段推出的新产品上市。

同样，如果某产品（在本例中是一种衬衫）的零售价格为 15 英镑，它有 3 种颜色，每周销售 2 000 件，利润率为 70%，那么在决定如何处理该产品时，企业需要仔细考虑。假设该产品在下一个销售季或阶段保留，那么只需稍微更新产品或采购新的颜色，就能以现有的销量和利润率继续销售下去。然而，更大胆的方案是将价格降至 10 英镑，将采购的数量增加为原先 4 倍，并通过促销海报和橱窗进行大力宣传，以大幅度提高销量。如此大幅度增加采购数量可以降低成本价格，因此利润率可能只会略微下降。总的结果是，凭借商业思维控制风险，利润将大幅度增加。

结束销售季可能是产品经理面临的所有任务中最棘手的一个。时装产品的销售情况会对降价做出反应，但一般取决于该产品原先的销量。粗略地说，如果产品的价格减半，销售额就会翻番；但如果产品之前的销售速度特别慢，那么降价一半可能还不足以让销售额翻番。在保护利润和让企业拥有一个可管理的期末库存之间总有一个平衡点，随着业务的变化，这项工作需要重复进行。这项工作没有正确或错误的答案，它需要灵活性和商业思维，以确保得到好的结果。从商品规划的角度来看，时装零售业的交易是一门黑匣子里的艺术，与供应链甚至与非时装产品的商品规划相比，其问题的解决办法从来都不是一目了然的。没有一本手册能给所有人答案，也没有任何东西可以替代经验和良好的商业直觉。

商品规划与其他职能的关系

在时装零售业，商品规划与其他职能的关系可能与其他零售业有很大的不同。之所以会有这种差异，是因为采购职能占据了核心地位。由于产品的性质，这是时装零售业的特性。

采购

在大多数情况下，商务部门被称为“采购和商品规划部门”，因为这两个职能是紧密相连的。不过，该部门有两种不同的职责。在时装零售业，产品才是关键，尽管有许多学院和发展项目可用于培训人才，但在没有时装的地方很难培养出对时装的眼光。发现潮流趋势、有效地采购并创造周转快速、能够盈利的产品的能力是无价的。

在时装零售业，采购的作用是寻找、选择、开发产品和协商产品的价格。采购员需要与设计师和产品经理密切合作。除了成本价格谈判（这显然是采购员的核心职责），采购员的工作在很大程度上依赖于商品规划。两者之间的关系可能会变得非常紧张，因为采购员和产品经理并不总是能在如何推动业务发展上达成一致。因此，采购部门保持对其他部门的强有力的“外交控制”是非常重要的。以采购为主导的企业可能很快就会面临选择过多、库存过剩和净利润下降的压力，因为它们始终专注于下一个产品系列，而不是解决现有的问题。因此，能够完美配合的采购员和产品经理才是一个强大的组合。

财务

财务与商品规划之间的关系很重要，特别是对业务控制来说。在一家成熟的企业中，商品规划部门会提供几项关键的预测数据——销售额、降价幅度、利润率、进货量、库存年限和外汇需求。它们都会被纳入财务部门的现金流预测之中。财务部门更愿意应对明确的情况，因此这些信息的质量必须足够好。如果误差过大，后果就会十分严重。财务和商品规划部门保持一致是很重要的。无论是财务部门提供一个目标，商品规划部门按照这个目标开展工作，还是商品规划部门拥有足够的可信度来为财务部门提供信息，双方共同制定企业的总预算，都是可以的，最重要的是它们必须保持一致。

进口

进口往往是一个较小的职能，要么独立，要么隶属于物流或商品规划职能。进口部门主要是一个管理部门，负责管理从海外流入企业的货物。该部门需要商品规划部门提供一个准确的交付时间表，并及时向财务和物流部门提供即将到货的产品的信息。必要时，该部门会与货运代理和航运公司协商，以获得更便宜的运费和更短的运输时间。很重要的是，该部门负责监督品类的配额，因为企业获准每年从特定市场进口的产品数量是有限的，这会对采购和商品规划部门产生连锁反应，毕竟采购和商品规划部门都寻求从最好的供应商那里采购利润最高的产品。

零售

零售是一个快速而灵活的职能，能够完全适应销售一线的不断调整。零售部门的库存周转速度很快，通常一周有 3 次以上的交货。该部门与商品规划部门的互动往往基于对信息和指导的需求。持续的变化要求该部门围绕门店布局、定价、促销、降价幅度、库存水平等一系列因素不断地进行调整。库存需求往往是依据分店商品规划确定的，但也要符合产品系列计划和等级划分，再加上越来越复杂的补货系统，产品销量不佳的原因往往被归咎于异常情况，而不是库存产品选择有误。零售部门对即将到来的销售季的时尚潮流并没有太多了解，因此需要学会相信采购和商品规划部门的专业知识（在非时装领域，情况并非总是如此，有时不可靠的证据可能会导致库存最终流入业绩不佳的门店）。

物流（仓储）

如果物流（仓储）业务完全由时装零售商拥有和运行，则该职能与商品规划之间会存在着非常重要的互动。仓库没有无限的空间或人力资源，因此，商品规划部门准确地共享进货数量、价值和时间方面的信息，以及向门店发货的时间和数量等相关的细节是很重要的。当然，顺畅的交流也是至关重要的。例如，某产品的绩效超出预期，需要进行超过原先计划水平的一系列再次订货，企业可能就需要增加额外的资源和仓储空间；潜在的畅销产品已经到货，但由于沟通不畅，该产品向各门店的发货被延迟了，这时就会出现尴尬的局面。由此可见，物流（仓储）主要是一个对需求做出反应的职能。在非时装行业，销售模式可能更容易预测，物流在改善运营和节约成本方面发挥着核心作用，通常是供应链职能的扩展。

IT

商品规划与 IT 职能之间的互动容易被忽略，只有当系统出现故障时，这种关系才会被重视。IT 职能可以提供有关 WSSI、补货系统、数据仓库和企业主机等技术方面的专业知识。这些知识通常都与 POS 系统及作为所有关键信息的枢纽的业务有关。

供应商

尽管采购部门已经与供应商建立了联系，但在订货、交货日期及数量、出现问题时的行动计划和一般部门信息等方面，商品规划部门与供应商有规律且重要的联系。特别是在关键路径的靠前部分，商品规划部门与供应商的相互信任和尊重可以使出现问题的概率尽可能降低，所以两者之间的关系很重要。

营销

商品规划部门与营销部门的关系与其他部门没有什么不同，商品规划部门需要向营销部门提供准确的信息，使其能够做好自己的工作。这些信息包括有关促销的时间安排，橱窗、海报、传单和线上促销活动页面中的产品信息，以及门店布局和货位图等。与所有其他情况一样，共享信息的时机和准确性是关键。

了解业务的重要性

尽管时装零售商的基本组织是相似的，但其中的不同之处可能会对各自的商品规划职能产生影响。不同的时装零售商在 IT 和流程方面的复杂程度可能有所不同，在支持性职能上的投资水平可能存在差异，业务目标也可能有所不同。例如，如果一家企业是上市公司，那么大家可能普遍认为良好的组织和企业治理对其是十分重要的，而稳定增长、业务稳定和股东价值之类的目标就是其关键目标。股份有限公司的经营方式可能更具动态性，也更有风险，其短期（一般为 3~5 年）目标通常是尽快增加利润，以便在随后的收购中使企业更有价值和吸引力。显然，这些不同的业务需求会带来不同的业务计划和交易方式，但它们不受商品规划职能的控制，而是企业发展模式的直接结果。更重要的是，你要了解自己运营的是什么类型的时装零售企业，并开发出必要的方法以取得成功。

平价、高端、中端时装零售商

零售商的风格会对产品经理的工作方式产生根本性的影响。一家以昂贵的价格为标志且以产品为主导的高端时装零售商要更加重视计划，精确性和细节也是需要注意的关键点。当然，其产品的销量可能会比较低，但利润率也不一定会很高，特别是当品牌产品的比例很高时。与平价时装零售商相比，高端时装零售商的销售速度可能会慢一些。高端时装的清仓比较倾向于通过固定的促销活动而不是季节性的促销活动完成，因此，季节性的交易要素可以稍微弱化一些。

时装零售业的另一端是平价时装零售商，这类零售商在过去 20 年发展迅速。普利马克（Primark）、马特兰（Matalan）、孔雀（Peacocks）和新风貌（New Look）在各个阶段都占据了主导地位，在时装零售业占据了很大的市场份额。在这个领域，灵活的思维、交易能力和前文提到的商业头脑变得非常重要。产品系列通常每 6 周更新一次，并且有一个完整的促销计划，同时各种有计划的、特别的促销活动一般在销售计划中占很大的比例。管理销售额、利润和库存水平成为一场永不停歇的盛宴，企业最终能否成功往往取决于决策质量的好坏和商品规划部门能力的高低。这种零售方式可能会让人的肾上腺素激增，但同时也会给员工带来很大的压力。

近年来，中端时装零售商将这两个极端结合在了一起。在 20 年前，找到促销计划的依据会很难，而且产品系列的频繁变化通常意味着一年只有两场主要的促销活动，分别在夏末和一月份。然而，平价时装零售商的崛起迫使中端时装零售商重新考虑它们的销售方式。如今，占据中心地位的时装零售商通常会有一个推出新产品和定期的、有计划的促销活动的周期。因此，对这种风格的时装零售商来说，商品规划是非常重要的。能够从细致的计划无缝切换到快速反应的交易的商品规划思维是一项备受追捧的技能，因此，对于那么多知名时装零售商的 CEO 和董事都是从产品经理逐步晋升为企业领导者的，我们并不感到奇怪。

门店或线上商品规划

迄今为止，大部分关于商品规划的描述都集中在为门店提供服务上。很明显，在互联网出现之前，商品规划就已经作为一种职能存在了，而且许多结构和思维过程、系统和策略都是在牢记为门店提供服务的前提下制定的。然而，与此同时，老式邮购时装零售商仍在以截然不同的方式运营着自己的业务。由于印刷产品目录十分昂贵，所以它们往往出版很厚的目录，而且其产品系列不像门店那样经常改变。它们过去（现在仍然）通常需要根据消费者订购缺货的产品来衡量销售损失，因此开发了这样的系统和流程来衡量需求曲线，并及时地将库存保持在一定的水平。这类零售商也很少对畅销产品产生兴趣，这使得一些有剩余库存的产品还会在下一版目录中出现。这类零售商是时装零售业的一个十分保守的组成部分。然而，成功的邮购时装零售商需要完美的基础设施，并且要能够适应互联网的崛起。它们不必通过电话接收订单，而是通过网络获取。这些订单的服务遵循同样的路径，所以像奈克斯特公司（Next）和利特伍兹公司（Littlewoods）等公司可以快速适应并成功建立线上业务。

邮购与实体店的商品规划原则是不同的。基于门店的产品经理所面临的问题愈发复杂，尽管邮购业务起初的发展速度往往较慢，并且很容易遇到挫折，但他们有可能转向邮购企业。走邮购这条路是很困难的，因为调整思维方式以适应相反的挑战是不可能的，尤其是对多年来只从事邮购业务的人来说。然而，现在的情况已经发生了变化。事实上，线上时装零售商的反应速度比现在的实体店还要快，而且产品系列可以根据需要进行调整。与为几百家门店上架或下架产品相比，在网站上添加或删除产品的速度更快、效率更高。以前以门店为中心的产品经理所拥有的商业灵活性，现在也必须应用于线上业务，挑战是相似的、速度更快的且多层次的。当然，有很多时装零售商同时在线上和线下开展业务。显然，商品规划作为一项职能，比以往任何时候都更具有商业重要性。

综上所述，在所有零售业中，时装零售业的商品规划是最复杂、节奏最快且最具有动态性的。它与其他主要职能之间的相互配合是任何零售商成功的关键。

本章小结

本章介绍了时装零售业以及商品规划（而非供应链）是如何推动经营活动的。本章的主要内容如下：

- 时装零售业概述；
- 商品规划对时装零售业的重要性；
- 时装零售业商品规划部门的晋升路线；
- 时装零售业的计划和交易及两者之间的互动；
- 时装零售商的商品规划职能与其他职能的互动；
- 了解企业战略的重要性；
- 时装零售业的多渠道商品规划。

第14章

超市和食品零售业

当今超市业概述

超市是零售业的巨头。英国超市业“四大巨头”乐购（Tesco）、英佰瑞（Sainsbury's）、阿斯达（Asda）和莫里森（Morrisons）都是市值高达数十亿英镑的零售商，它们的影响力已经超出了零售业。它们是英国经济的重要组成部分，每一家在英国都雇用了成千上万名员工。传统观点认为，“四大巨头”的生存相对容易；它们追求规模，试图迅速扩张门店。许多曾经出现但最终消失的竞争对手和小型零售商从未真正夺走它们宝贵的市场份额。以前，大多数消费者通常不会光顾折扣店，因为他们认为折扣店的产品普遍都是质量较差的产品；同样，大多数消费者认为高端超市的价格太贵，而线上并不是一个好的渠道。这些因素和稳定的经济意味着“四大巨头”可能会争夺几个百分点的市场份额，以实现稳步增长。它们知道，大多消费者每周都会在它们的门店里消费一两次，而便利性是消费者选择它们的主要原因。

上次经济衰退的开始标志着该行业的转变。超市对经济非常敏感，特别是大型超市。如果人们的钱变少了，或者觉得自己需要削减开支，那么超市就会受到影响，因此折扣店成了人们关注的焦点。随着在质量和吸引力方面的进步，折扣店的销售额有了大幅增长。对折扣店来说，两位数的增长是很常见的，尽管现在增长速度正在放缓，但折扣店的增长远远超过了中端竞争对手。消费者现在信任折扣店，并通过接触不同的品牌商来完成最佳交易。在折扣店兴起的同时，线上购物也在兴起。乐购率先推出了线上业务，虽然奥卡多（Ocado）也优化了运营模式，但从未被乐购视为威胁。现在英国线上消费总额每年超过 100 亿英镑，并预计在未来 5 年增长超过 50%。线上购物不仅蚕食了实体零售的销售额，而且与非食品零售一样，其运营成本更高。除了这些因素，高端超市和食品零售商的销售额也有所增加。由于外出就餐支出的减少和家庭烹饪的增多，消费者开始追求高品质的产品，这再次挤占了超市的传统地盘。尽管“四大巨头”面临来自竞争对手的压力，但它们仍占据着巨大的市场份额，并将对行业需求做出回应。

这与供应链和商品规划有什么关系？市场概况表明，超市业面临着许多不同的挑战，其中大多数因零售商及其所进入的细分市场而有所不同。供应链和商品规划职能在任何超市中都扮演着重要的角色，为了使整个商业战略取得成功，供应链和商品规划职能必须成为关键的驱动因素。本章旨在说明超市和食品零售业在供应链和商品规划方面的挑战和差异。

供应率是关键

供应率是供应链和商品规划团队的 KPI，也是超市的 KPI。其他零售商不会在董事会文件或年度报告中提到供应率，但超市会提到。一些非食品零售商很少分析供应率，有些甚至不分析，但对超市来说，分析供应率是一项重要的工作。食品零售业的知名出版物《杂货商》（*The Grocer*）甚至还会评选年度最佳供应率奖，该杂志每周都会从 5 家主要超市中评选一家拥有最佳供应率（还有其他几个标准）的超市。超市中的许多产品销售速度都较快，这意味着当超市不能及时地供应这些产品时，就会产生销售损失。销售损失不仅会对销售造成负面影响，还会影响消费者的满意度。即使大多数产品都有可替代的 SKU，消费者也会因为买不到他们想要的产品而生气，甚至可能会去另一家超市。因此，及时供应非常重要，尤其是牛奶、鸡蛋和香蕉等。在英国，25% 的超市购物清单都包含香蕉，所以如果一家门店的香蕉卖光了，那将是一场灾难。替代销售并不总是适用的，例如，你不会用苹果代替香蕉。

在供应率方面，其他类型的零售商所采用的措施并不适用于超市。在某些情况下，一天结束时测量的供应率并不能提供足够详细的细节。过去，超市的供应率是在一天的开始和结束时测量的，然而，这并不能反映全天的情况。目前，超市已经可以通过开发出来的复杂系统生成供应率，这些系统基于一整天的几个数据点来测量供应率，有些系统甚至可以做到每 15 分钟计算一次供应率。值得注意的是，这些系统提供的是基于销量统计出来的供应率，而不是库存量。如果一个 SKU 在正常情况下每小时销售 100 个，那么系统将使用它来计算该 SKU 在那段时间缺货的概率。如果在一个小时内该 SKU 售出了 95 个，那么这可能只说明需求发生了变化；但是，如果该 SKU 仅售出 15 个，那么系统可以合理地假设在那一个小时内该 SKU 存在缺货问题。这并不一定意味着门店没有库存，系统可能会突出显示门店流程所存在的问题，即货架补货速度过慢。供应率可以成为衡量消费者对产品实际关注度的指标。这种方法存在一些缺点，那就是该产品的销量必须足够高、足够稳定，系统才能提供可靠的供应率。如果某 SKU 每周仅售出 0~10 个，按小时来测量供应率就没有意义。这也是需求波动性高的产品存在的问题，因为一些 SKU 在促销期之外需求量也会大幅波动（如冰激凌），所以这类产品的供应率难以确定。

供应率的重要性意味着补货至关重要。大多数超市将分店商品规划职能划分为空间规划和分配管理：空间规划侧重于货位图，分配管理侧重于补货量，后者需要更多的资源。根据产品的不同，门店安排一组分配员分配库存（推式），或者由补货系统自动补充库存（拉式）。

通常来说，具有较长保质期和稳定需求的 SKU 由系统自动补货，易腐且需求波动较大的 SKU 则由分配员分配。减少易腐 SKU 的库存量可以最大限度地避免浪费。例如，奶油蛋糕和三明治的保质期很短（在大多数情况下都不到 4 天），因此超市在分配这些 SKU 时要格外小心，必须将降价风险降到最低。至于生鲜农产品和促销产品之类的 SKU，超市要管理的 SKU 数量比其他类型的零售商要多得多。

一般情况下，产品经理可能负责一个或多个品类，但在超市中，需求计划员或产品经理可能负责 30~100 个 SKU，这还只是品类中的部分 SKU。这是因为，超市的门店数量众多，而且很多 SKU 的销量很高。例如，当分店销售三明治时，分配原则是按天对 SKU 进行分配。这显然是一项非常细致的工作，但如果超市不能在这个层级制订计划，就可能会遭受损失，并且可能出现产品大幅降价和产生货损等情况。

由于供应率的重要性，大多数产品特别是生鲜农产品一般是都是隔天补货。一些销售速度较慢的非食品类产品可能来自中央仓库，其补货周期更长。

价格取代了便利

正如前文所述，消费者在超市购物时的首要考虑因素是价格，而不是便利。超市一直关注价格，但折扣店的兴起给超市带来了进一步降价的压力。这意味着供应链和商品规划团队将承受削减成本和帮助降低企业运营成本的压力。超市的利润率很低。大部分时装品牌和大型零售商的利润率在 40% 以上，但是大多数超市的利润率低于 5%，有些产品甚至为负数。只要销量保持在较高水平，微薄的利润率也能给超市带来不错的收益。超市的庞大购买力意味着它们可以从供应商那里获得更低的价格。

多业态，多渠道

谈到真正的多业态、多渠道的运营模式，超市和食品零售业通常都起步较晚。有些企业做得很好，有些企业还没有采用多业态、多渠道的运营模式，但这并不一定意味着后者是错误的。正如本书所介绍的那样，线上零售的成本高于实体店零售，尽管大多数零售商可以将这些成本转嫁给消费者，或者通过较高的利润率来消化这些成本。由于利润率较低，在线上运营一个能够实现盈利的食品零售业务是非常困难的。对折扣店来说，在保持价格不变或收取合理的送货费用的同时提供线上服务也是非常困难的。

多业态是指零售商在同一品牌下经营不同类型的店铺。超市的主要形式有便利店、超市和大卖场。便利店是超市的较小版本，面积必须在约 279 平方米以下（尽管某些便利店的面积可能会略高于这个数字）。便利店可以不受《星期日交易法》（Sunday Trading Act）的限制。乐购和英佰瑞在乐购便利（Tesco Express）和英佰瑞的本土品牌下经营着大量的便利店。便利店的实体性质对供应链和商品规划职能提出了一些独特的挑战。便利店的空间非常宝贵，许多不同的产品摆放在一起，以便为消费者提供最佳选择，但这可能导致两个问题。第一个问题是销量低。与超市相比，便利店的客流量和交易量要少得多。这意味着便利店在选择生鲜产品时要更加谨慎，并要严格管理补货以避免降价和浪费。第二个问题是供应率。货架占据了很大的空间，而便利店通常缺乏仓储空间，这通常意味着存货紧张。便利店的补货模式与大型超市有所不同。大型超市通常用托盘来补货；便利店由于规模较小，只能使用防滚架，因此可能需要更多的仓库或枢纽来应对从托盘到防滚架的变化。因此，便利店的补货周期可能会从每 2 天 1 次变为每 3 天 1 次，因为仓库可能会把货物交付给枢纽，枢纽再为货物配上防滚架。

超市是一种传统业态，即包含有限的非食品品类产品的大型杂货店。对大多数连锁超市而言，超市是其中销售额最高的业态。企业要调整自己的供应链和商品规划模式，以便为这类商店提供支持。本章将讨论这种业态的运行方式。

大卖场将超市与百货商店结合在一起，提供种类繁多的食品杂货，还有很大的百货区。大卖场涉及许多不同的行业和领域。在大卖场中，消费者可以找到时装、玩具、DIY 产品、电器、园艺等更多不同类型的产品。关于超市和大卖场的区别，目前还没有具体的定义，但是产品范围的不同标志着两者存在差异，所有这些不同的品类都给供应链带来了特殊的挑战。大卖场的某些区域可能是特许经营区，也就是说大卖场将这些区域出售给了其他企业，但这并不会影响大卖场自身供应链和商品规划的运行。大卖场必须拥有处理不同品类和不同属性的基础设施。例如，从亚洲运来的电子产品用集装箱装运，前置时间很长，大卖场必须有能力处理这些货物。一些大卖场设立了中央仓库来存放这些非食品类产品。食品通常是通过拉式和推式补货模式分配库存的，而大多数非食品类产品是由一个中央仓库按批次分配的。这些产品的补货周期通常比较长，因为通常不需要直接将它们发往门店。建立越来越多的大卖场曾经是超市的目标。但是，如今这些大卖场受到了不断变化的市场环境的影响。消费者不再每周都去大卖场购物，并在一个地方采购所有的东西，他们现在更喜欢货比三家，或者在线上买更划算的东西。

线上购物始于 20 世纪 90 年代末，但直到最近 5~10 年才繁荣起来。由于高昂的运营和初期成本，超市不愿进入这一渠道。超市知道，它们将不得不在线上打出与实体店相同的价格，而高昂的配送费用会让消费者望而却步，这将给盈利带来重大挑战。线上零售有两种截然不同的运营模式。第一种模式是具有独立配送中心的专用供应链网络。库存将从仓库转移到集散中心，然后转移到当地的枢纽。在那里，消费者购买的货物将被发走。供应链和商品规划团队可以将这些集散中心或枢纽视为门店。仓库向它们分配货物和补货，但工厂负责拣货和包装。在补货方面，这些集散中心或枢纽应优先于其他门店，因为线上零售更加注重供应率。为了解决线上缺货的问题，超市将提供替代产品，以替代缺货产品，这会让线上消费者感到极其失望，这也是竞争的焦点所在。第二种模式是从本地门店拣货，然后直接从门店交付给本地消费者。该模式利用了现有的供应链，不需要额外的仓库。专门的线上拣货人员会在门店中穿梭，直接从货架上拣选消费者订单中的产品。IT 基础设施要有能力处理这个问题，因为门店的库存水平将会因此下降，并且这些产品没有通过收银台完成销售。因此，中央供应链和商品规划职能需要针对这些需求进行分配和补货。该模式利用了现有的供应链网络和门店，因此更具效益。然而，线上拣货人员在门店里来回走动并从货架上拣选产品并不是最有效的拣货方式。此外，如果线上订单数量太多，这将会影响消费者在门店中的购物体验。

促销

促销是超市战略的核心。好的促销活动可以吸引消费者进入门店，并且能够增强消费者的价格感知度。供应链和商品规划团队在确保促销活动成功的过程中发挥着至关重要的作用。关键的促销活动在战略上是非常重要的，并且会有大量的保密措施。超市不希望竞争对手复制自己的促销活动，或者在自己的促销活动的基础上进行改进。有效的促销是成功的关键，但如果所有门店都在一小时后就面临缺货，那么再好的促销也没有意义。在确定促销量和分配门店库存时，超市需要非常谨慎和专注。因此，大多数超市都会设立促销团队，由其专门负责促销活动和季节性产品。

促销活动和季节性产品向供应链和商品规划团队提出了独特的挑战。一些促销活动极大地提升了销售额，这使得计算产品采购数量的工作变得更加棘手，将正确数量的产品分配给门店也变得更加困难了。过去的促销活动是解决这些问题的最佳数据来源，但是对于新产品或不同的定价机制，解决问题时需要一定的直觉和商业头脑，因为它们的销售模式和销量可能非常不同。其中一种情况是需求可能会从少到多逐渐增加，直至最后变成巨大的需求高峰。这种情况在各种节日期间非常典型，如复活节、圣诞节、薄饼日等。这类促销活动的技巧是，对需求的到来要有耐心，并确保分配尽可能得到优化。每家门店都要保留库存直到最后一分钟，虽然产品全部销售出去几乎是不可能的，但大量剩余的库存与门店提前售罄的情况都表明促销计划并不周全。

另一种情况是，在整个促销活动期间，需求量一开始很高，然后稳步下降。这种情况在市场领先型产品的交易中或备受期待的产品上市时很常见。由于需求量会立即暴增，因此应对这种情况会稍微困难一些。除非产品的保质期很短，否则在这种情况下，最好的做法是超额分配，因为超额分配有利于更快地进行销售。整个超市可能有数以千计的促销活动，最好的促销位置是在门店的前部或过道的尽头。这是最好的位置，可以很好地接触到消费者，因此超市通常会轮流把这些空间卖给供应商。这给超市带来了额外的收入，并保证了供应商可以通过促销活动把库存卖出去。

从本节内容得出的关键一点是，促销对超市的绩效至关重要，任何供应率达不到百分之百的促销活动都是不可接受的。

复杂网络

超市拥有复杂的仓库和门店网络。传统的简单供应链模型（见图 14.1）不适用于超市。超市拥有的是一个由 NDC 和 RDC 组成的复杂网络，这些配送中心有不同的温度环境，只有这样才能支持不同的销量和产品系列。

图 14.2 和图 14.3 展示了一个完整的超市供应链网络，其中的 RDC 和 NDC 代表许多具体的配送中心。一般来说，RDC 负责食品，而 NDC 负责不需要快速补货的非食品类产品。RDC 为周围的门店提供服务，而 NDC 为所有或大多数门店提供服务。每个配送中心都有需要采购的货物，也都要以补货的形式将库存发出。这使得供应链和商品规划职能变得更加复杂，因为购入的货物需要分给不同的配送中心。例如，如果购入 10 000 罐豆子，就可以在网络中的 5 个常温配送中心之间进行分配，不同的配送中心的需求会有所

不同。NDC 通常储存销售速度较慢的、会缓慢地自动补货的非食品类产品，或者在整个销售季中只需分配一次或少数几次的季节性产品，如家具。

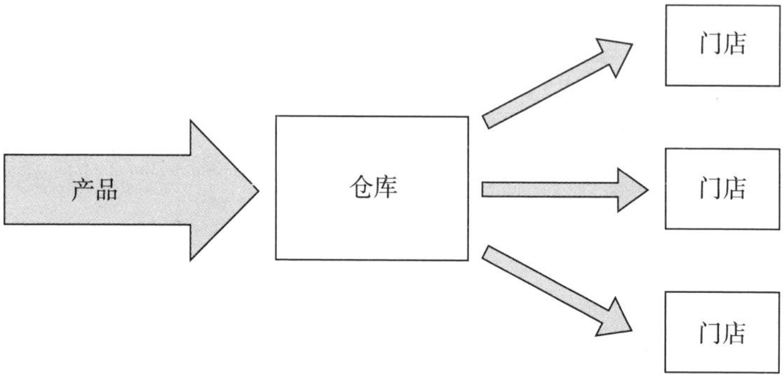

图 14.1　简单供应链模型

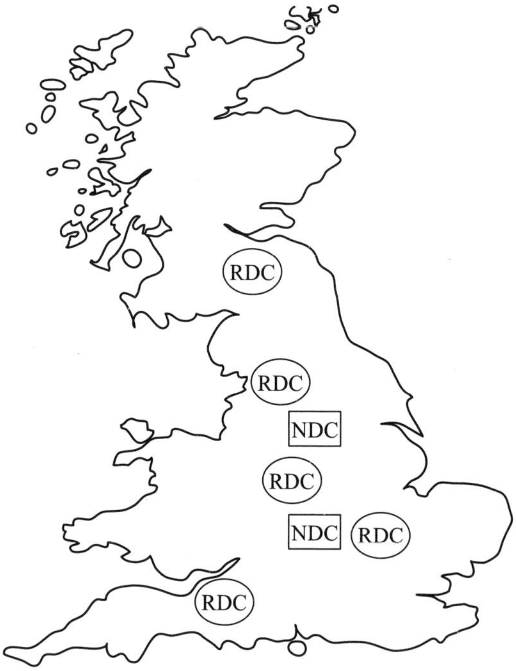

图 14.2　超市供应链网络

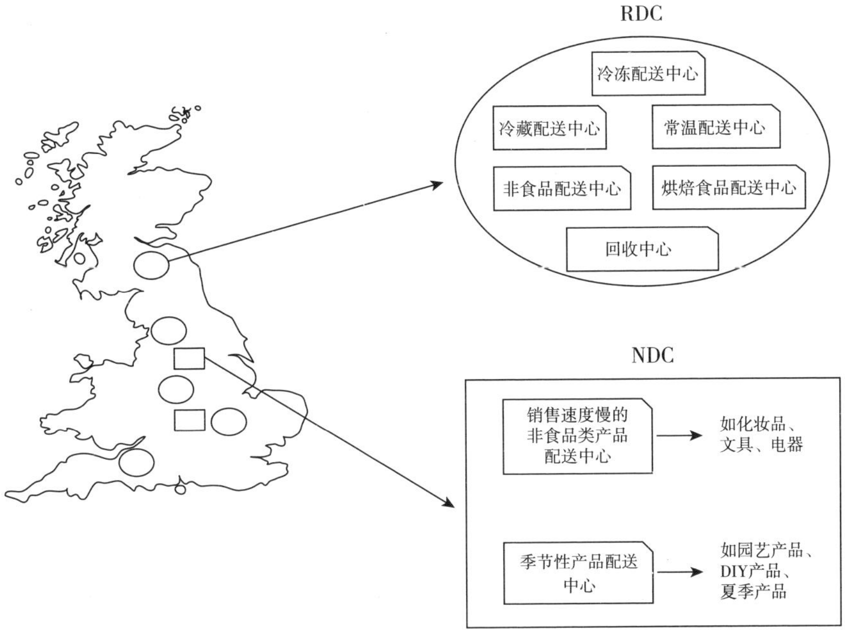

图 14.3　RDC 和 NDC

虽然储存的产品有很大的不同，但常温、冷冻和非食品配送中心的拣货和运营方式大致相同。冷冻配送中心有专门的设备和工作方式，但库存仍然被储存在货架上，并以类似的方式被拣取。由于产品保质期更长且无污染，所以这些配送中心具有相似的流程。但冷藏配送中心有所不同，冷藏配送中心的最佳实践是“无库存”运营，即所有库存均已分配并发走。这有助于提高运营效率，因为库存不需要储存，也不需要被存放在货架上，而且为消费者提供了尽可能长的保质期。

系统和技术

规模较大的超市需要使用复杂的系统和大量的技术。本书的各个部分已经介绍了超市供应链和商品规划团队所使用的大多数系统。然而，超市所使用的系统的独特性是值得我们深入了解的。由于规模较大，超市通常具有大型的、昂贵的系统。这些系统需要运用专业资源来优化和维护。一方面，这些系统提高了效率和生产力，并通过自动化完成任务，从而给企业带来了增值。另一方面，正因为这些系统比较高级，所以使用这些系统的员工的技能和能力可能会低于使用较低级系统的员工。大多数基础工作和计算将由系统自动完成，并且系统提供的订单、预测值和分配量都很准确，这可能会导致员工对供应链和商品规划的基本原理缺乏了解。人工查看 SKU 层级的详细信息并关注数据有时可能会引起员工的思考，从而发现系统看不到的趋势。超市供应链系统的主要关注点是优化补货。与其他类型的零售商相比，超市仅一家门店所需的补货量就是很大的，补货对超市的成功是至关重要的。门店层级的预测和需求将被汇总为进货量需求，这要求系统仔细地分析大量的数据。系统需要将实时销售数据提供给各个团队，以便新鲜农产品可以在当天被分配好，并在第二天以最佳方式完成交货。

结构和人员

一家拥有 200~300 家门店，销售额在 2.5 亿英镑 ~3 亿英镑的规模相对较小的零售商可能拥有一个由 35 人构成的供应链和商品规划团队。大多数超市尤其是英国超市业“四大巨头”都拥有超过 300 人的团队。显然，这是一个庞大的团队，这也给企业自身带来了挑战。团队内部的层级会很多，有多个管理层，通常按品类进行划分，非食品类产品和食品会分开进行管理。非食品团队将更多地采用传统的商品规划模式，而食品团队将更多地采用供应链模式。这是因为对补货的高度关注有助于为食品制订需求计划，而在需求计划中，管理库存流是一项艰巨的任务。一般来说，非食品团队的管理更多是在分配的基础上进行的，这有助于商品规划和 WSSI 管理。供应链和商品规划职能的庞大预算和规模使其员工能够获得行业领先的培训并参与某些安置计划。大多数超市都有专门的供应链或商品规划专业毕业生安置计划，这些计划可以使毕业生体验供应链的所有环节，并接触零售的方方面面。

了解整个供应链

超市拥有数量众多的供应商，以至于有时与个别供应商联系得不够密切，从而无法完全了解每家供应商的供应链。2013 年的“马肉丑闻”就是一个很好的例子，大型零售商和超市很可能因未充分了解其销售的产品来自哪里而陷入困境。对一些超市而言，这是一场灾难，降低了消费者对超市肉类产品的信心。零售商需要了解供应商或分销商的所有上游企业并检查它们是否存在不当行为。但对较小的零售商来说，情况往往不是这样的。它们的 SKU 数量和供应商数量都很有限，这使它们更容易接触供应商的上游企业。

本章小结

本章的主要内容如下：

- 当今超市业概述；
- 供应率的重要性；
- 价格如何取代便利，成为影响消费者选择的首要因素；
- 多业态、多渠道超市零售；
- 促销对超市业的重要性；
- 超市配送网络的复杂性；
- 超市系统和技术概述；
- 超市结构和人员；
- 了解整个供应链的重要性。

第15章

电子产品零售业

电子产品零售业概述

电子产品零售业是一个庞大而又多样化的行业。随着技术的进步，该领域变得更加多样化，并出现了多种多样的技术专家。事实上，“电子产品”这个词已经过时了，销售电子产品的零售商现在被视为科技零售商。

与超市和食品零售业不同，电子产品零售业出现的时间相对较晚。从20世纪60年代开始，随着技术的迅速进步，越来越多的普通家庭开始使用电器。电视、厨房电器（白色家电）和音乐设备（收音机、音响等）成了主要的购买对象。直到20世纪80年代和90年代，这些技术一直推动着该行业的发展。移动电话、电子游戏、数码相机和计算机的兴起为该行业带来了又一波销售增长。

随着越来越多的电子产品进入市场，已有技术的发展速度越来越快，越来越多的电子产品零售商进入了市场，而已有的电子产品零售商的规模也在不断扩大。随着产品数量的增长和价格竞争越来越激烈，百货零售商和超市也开始销售电子产品。大多数电子产品零售商都轻易地获得了成功，并借助整个行业的增长扩大了自身营业额和规模，但这种情况并没有持续下去。

电子产品零售业是受互联网兴起冲击最大的行业之一。线上竞争者能以更低的价格提供同样的产品，亚马逊和易趣这样的大型线上零售商已经从实体零售商那里夺走了大量的市场份额。大多数现代消费者都对技术了如指掌，他们知道自己想要什么，所以很快就能在网上找到最便宜的产品并完成购买。正如前几章所讨论的，消费者的购买习惯已经改变了，价格和供应率的可见性意味着传统的实体零售商正在遭受销售损失。品牌在消费者的购买决策中发挥着重要的作用，而在电子产品零售业中，这意味着无论消费者在哪里购买品牌产品，都只会从最便宜的地方购买，因为他们重视的是品牌，而不是购买渠道。

电子产品零售商有很多不同的类型，这主要是由它们所销售的产品类型决定的。电子产品零售商主要分为以下类型。

- 白色家电：这些零售商专注于销售白色家电和较大的家用电器，如电视机、吸尘器等。这些零售商往往是大型零售商，它们在销售昂贵的大型产品的同时还销售其他各种各样的产品。这些零售商需要很大的门店和仓库来存放产品。Currys PC World 就是这类零售商的一个例子。
- 游戏：这些零售商专注于销售游戏产品。游戏产业已经发展成为全球性的大型产业。这些零售商销售游戏机、游戏、个人计算机设备和配件等。当前，游戏零售业的一个问题是游戏正在向线上发展，这减慢了实体产品的销售速度。Game 就是这类零售商的一个例子。
- 家庭娱乐：这些零售商专注于销售音乐和影像类产品，如蓝光影碟、DVD 等。这类零售商受线上竞争者的影响更大，因为销售此类产品通常不需要提供任何服务，而现在线上就可以播放大多数音乐和电影。HMV 就是这类零售商的一个例子。

- 专业设备：有很多“专业”的电子产品零售商专注于较小的市场。一些零售商可能专门销售某类产品，如相机；而其他一些零售商（如马普林）可能专门销售一系列专业设备。
- 手机：手机零售商专注于向消费者销售合约机，这类零售商以服务为导向。大多数供应链和商品规划的原则不适用于这类零售商，因为它们的价值主张并非以产品为基础。Carphone Warehouse 就是这类零售商的一个例子。

虽然这些零售商销售的产品不同，但其供应链和商品规划职能所面对的挑战和问题是相似的。本章主要探讨电子产品零售业在供应链和商品规划方面的具体挑战和不同之处。

库存管理

从库存的角度来看，令人向往的、昂贵的（在大多数情况下）电子产品是难以管理的。电子产品零售业的库存管理面临着许多困难和挑战。尽管对超市来说供应率至关重要，但电子产品零售商更关心的是库存管理。像食物这样的易腐产品通常具有销量高和成本低的特点，刺激需求很容易，保质期迫使零售商确保这类产品的库存周转状况良好。同样，时装通常价格较高，所以一旦降价就会卖得很快。但是，电子产品往往随着时间而贬值。因此，保持低水平的期末库存才是电子产品零售商成功的关键。

商品规划团队是确保将期末库存降到最低水平的核心，有效的计划对电子产品零售商来说至关重要。准确的预测、有效的分店商品规划和快速的退出计划是管理电子产品库存时必须关注的三个要素。期末库存的积压可能会令人忧心。时装可以在连续几季保持流行，未售出的花园家具可以保存到来年，但是技术在持续进步，而且进步的速度比以往任何时候都要快。笔记本电脑、平板电脑或手机可能在几年内就会贬值甚至被淘汰，最新的电子游戏、电影和音乐的畅销期很短，更大的白色家电和电视也会迅速贬值。

期末库存积压主要会造成两个影响。其中一个影响是，随着期末库存的增加，库存持有量也会增加，这会占用资金，可能会使采购新产品变得更加困难。另一个影响是，最终利润将会降低。随着某类电子产品的普及，该产品的销量会下降。如果此时有多余的库存，零售商必须降低价格才能确保将其销售出去。如果零售商不想降低价格，还想保持较高的利润率，就可能会剩下多余的期末库存，而这些库存只会越来越不受欢迎。最终，产品将变得陈旧，以至于完全过时。例如，没有人会购买10年前的笔记本电脑，即使购买了，也肯定不会支付当初的价格。

商品规划和采购团队需要确保已经制订了处理期末库存的计划，并确保将降价纳入商业计划和预算。库存管理的另一个问题是库存安全。因为电子产品很吸引人，所以经常成为盗窃的目标，并且在某些情况下很脆弱，这影响了门店和物流活动。零售商必须考虑产品的储存和运输方式。例如，零售商可以采用黑色热缩包装来隐藏产品，使其变得不那么吸引人，也就不容易被盗。门店可以使用样品来消除偷窃的风险。对于容易被盗的货物，零售商在储存和拣货时可以使用防盗笼。

电子产品零售业的供应率

虽然有效的库存管理是大多数电子产品零售商的关键 KPI，但零售商仍要注意供应率。热销产品需要供应商随时备货，以实现销量的最大化，但它们通常对大多数其他产品会产生很明显的替代效应。而且，在大多数情况下，消费者并不需要马上就收到产品，他们可以接受送货上门或门店自提。另外，零售商应该把更多的关注点放在保持中央仓库的库存上，这样一来，当门店中没有可用的库存时，消费者仍然可以照常购买。大多数电子产品零售商会采用这样一种销售结构：门店的补货是通过分配计划来管理的，为了保持核心产品销售的连续性，通常会进行一定程度的自动补货。由于大多数电子产品的生命周期较短，因此在整个生命周期（从上市到退市）中，这些产品只会进行几次补货。如果零售商过多地关注供应率，就可能导致库存状况不佳，因为门店需要大量补货以确保供应率，库存效率自然就降低了。

线上渠道和全渠道

正如在本章开头所介绍的，线上销售的持续增长给实体零售商带来了巨大的压力。大多数电子产品零售商都有专门的线上销售渠道，这是为了与纯粹的线上零售商开展竞争。网站是吸引消费者进入实体店的好工具。如果消费者走进实体店，他们就可能在那里花更多的钱；产品配件、保修、服务和追加销售在实体店比在线上更容易实现。为了适应线上销售，大多数电子产品零售商都可以接收并完成线上订单。虽然这需要电子产品零售商设立拣货和包装中心，但与线上销售生鲜食品所需建立的系统相比，变动是非常小的。在供应链和商品规划方面，确保有效的进货和分配是十分重要的，电子产品零售商需要优先考虑仓库而不是门店的供应率。

所有的传统零售商都已经或正在采取全渠道策略。正如第 8 章所讨论的，为了增加实体店的客流量，实体店需要提供一种引人注目且引人入胜的购物体验。因为电子产品零售商销售的是科技类产品，所以在产品演示及消费者与技术的交互方面拥有明显的优势。电子产品零售商已经不再尽可能多地在门店囤积库存；相反，它们通过创建一个动态的门店来吸引消费者并让他们体验产品。从供应链和商品规划的角度来看，这会使门店的库存减少，产品系列也可能减少，这意味着整个门店可能只是 POS。在这种情况下，由于不需要陈列库存，所以补货管理仅由销售需求决定。

全渠道销售使得所有渠道的定价都非常透明，这让零售商很难自主提高品牌产品的价格，因为消费者很容易就能找到市场上最便宜的价格。商品规划团队需要了解某些电子产品的市场价格，因为随着市场价格的变化，某些品类的需求可能会迅速上升或下降。

结构与人员

电子产品零售商的规模各不相同，所以供应链和商品规划团队的规模也会因零售商的规模而有所区别。电子产品零售商的商品规划团队应该包括产品经理和分店产品经理。采购员和产品经理的配合在提高电子产品零售商业绩方面发挥着关键作用。库存计划对电子产品零售商管理库存和现金流及获得商业成功至关重要。如果一家电子产品零售商过于以采购为主导，就很可能造成旧产品无法有效地退出，这往往会导致不良的库存状态。如果一家电子产品零售商过于以供应链或商品规划为主导，创新和产品管理就可能会受到影响。一家营业额超过 2 亿英镑且拥有 200 多家门店的大型零售商需要一个完整的产品经理和助理产品经理团队，以及一个专门的分店商品规划团队，包括分店产品经理和分配员。商品规划团队将使用 WSSI 和线卡来管理品类，而供应链团队通常会更多地涉及物流和运营管理。然而，正如本书所介绍的，一家零售商可能只有一个负责管理订货、进货和计划的供应链团队。

供应链

尽管不同的电子产品之间存在很大的差异，但绝大多数电子产品都是在亚洲生产的，因此与时装相似，电子产品的前置时间很长。大多数零售商需要与各种各样的供应商打交道，这些供应商包括制造商、分销商及工厂。制造商是生产和拥有产品专利的供应商。例如，三星就是一家制造商。制造商通常是品牌产品的所有者，零售商通过直接与它们交易，可能会在库存流入业务上拥有更大的影响力。制造商向其他零售商或分销商供货，如果一种产品供不应求，那么制造商将有权决定谁可以得到供货，通常是谁采购得最多，谁就能得到供货。与制造商而不是分销商打交道的一个好处是成本更低，因为没有分销商从利润中分一杯羹。分销商是向零售商提供来自一家或多家制造商的产品的供应商。分销商的批发价通常高于直接与制造商交易时的价格；但是，与分销商交易时，最低订货量会低很多，并且零售商在销售或退货协议、延迟取消 PO 等方面拥有更多的选择。

零售商也可以直接与工厂打交道。在这种情况下，产品通常是自有品牌产品。为了直接从工厂采购，零售商需要建立完整的基础设施。为了直接与工厂交易，零售商还要进行包装设计、质量控制、货运管理等许多活动。一旦基础设施到位，直接采购会比采购品牌产品便宜得多。但是，零售商需要考虑直接采购的一些缺点。其中一个缺点是，在工厂采购物料后，零售商必须按约定的数量取货；如果产品未能按预期销售出去，那么零售商有责任处理多余的库存和退货。与制造商或分销商打交道时，当消费者由于制造问题退回有缺陷的产品时，零售商可以将产品退还给制造商或分销商，从而得到全额退款。但是，在直接采购的情况下，所有消费者的退货必须在零售商内部进行管理和消化。另一个缺点是，消费者往往对知名品牌忠诚度很高，他们不愿意购买自有品牌产品，也不愿意花同样的钱买自有品牌产品。由于直接采购的这些缺点，大多数电子产品零售商只会直接采购销量稳定、销量高的产品。大多数电子产品会随着时间的推移而贬值，因此通过与制造商和分销商密切合作，零售商可以尽快地清理现有库存，并尽可能多地关注热销的新型号和新产品。

本章小结

本章介绍了电子产品零售业中供应链管理的独特挑战和不同之处。本章的主要内容如下：

- 电子产品零售业概述；
- 库存管理的重要性；
- 电子产品零售的供应率；
- 线上渠道和全渠道；
- 供应链和商品规划团队的结构和人员；
- 不同供应商的区别及其如何影响零售商的运营。

第16章

高价产品零售业

高价产品零售业（产品价格从几百英镑到几千英镑不等）面临的挑战与其他零售业截然不同。高价产品零售商通常位于城外的零售园区，在商业街拥有一些店铺，还拥有一个线上商店，其采购、商品规划和供应链职能都使用相同的核心技能和流程，它们还必须设法缓解其零售方式所带来的问题。

高价产品零售业涉及的产品通常是大而笨重的。所有类型的家具、厨房设备、浴室设备、白色家电、昂贵的电子产品和一些高档玩具等构成了这个行业的基础。只需要将这些产品罗列出来，可能涉及的问题就会变得显而易见。

物流

高价产品零售商的物流工作既复杂又充满挑战性。进口的大型产品都需要一个较大的空间来存放，因此成本会变得十分昂贵。从亚洲运来的集装箱所能容纳的产品很少，这进一步提高了成本。一旦产品到达仓库，仓库空间就成了一个真正的问题。毕竟，容纳 1 万张床或 1 万台冰箱所需的物理空间远远大于容纳 1 万件衣服所需的空间。同样，产品配送也会受到影响，因为可以装到拖车上的产品数量是由产品尺寸决定的。另外，门店（如果销售业务在店外完成）通常只保留样品，能够出售给消费者的库存十分有限，在绝大多数情况下产品都是从店外直接运送给消费者的。因此，根据业务规模的不同，高价产品零售商在配送方面面临的挑战还包括将产品准时地送到消费者家里，而不是按常规路线运送到门店。

进口和仓储

产品进口必须尽可能低成本和高效。这一流程与任何其他类型的产品并没有什么不同，但高价产品零售商找到最便宜和最可靠的货运代理变得更加重要，货运代理要通过整合设施及快船或慢船，确保在高峰期也能提供高水平服务。但是，空间问题并不是那么容易解决的。使问题变得更加复杂的是，1 月份的销售额通常是其他月份的 5~6 倍。因此，产品在高峰期所需的空间大大超过了全年其余时间所需的空间。在一年的大部分时间里，仓储设施的利用率不到一半，并且仍需要支付租金，所以并不划算。解决该问题的方法主要包括：尝试寻找临时空间，但这并不容易，而且可能会很昂贵；或者要求供应商代表零售商制造和储存产品。这两种选择都不是最优的，而且都会在供应链中增加额外的环节。零售商做出何种选择通常取决于当时最佳的商业主张，因此没有正确或错误之分。对零售商来说，一个关键的区别在于（尤其是在高峰期）将产品送到消费者手中的速度。如果产品被储存在远离零售商设施的地方，那么零售商不太可能完全清楚它的位置。换句话说，由第三方将产品运送到仓库至少需要多花一天的时间，这会减慢整个流程的速度，并可能导致竞争劣势。就像所有的零售决策一样，它可以归结为风险和回报及服务成本的问题，在不同的情形下会有不同的解决方案。

垂直运营和制造

供应链职能需要考虑的另一个因素不一定是独特的，但更加常见，即对于家具和床等产品，零售商可以采用垂直运营的模式。在这种情况下，零售商拥有一家生产产品的工厂，而不是从第三方供应商那里采购产品。零售商不必生产所有的产品，毕竟拥有一个合理的供应商组合很重要，但责任转移效应十分显著。零售商必须自行购买原材料来制造产品，这属于供应链职能的管辖范围，并且会衍生出一些商品规划职能的分支（稍后介绍）。

运输

相比于其他类型的零售商，高价产品零售商组织车队时面临更多的挑战。正如前文所述，按天向特定的消费者配送产品要比按计划每周向门店配送一次产品更难准确地制订计划和节约成本，而且消费者不会容忍延误。如果配送过慢，产品没有按时到达，就可能导致负面评论、消费者补偿或折扣，从而降低利润。一些零售商选择使用复杂的软件来规划路线，虽然这需要付出额外的成本，但如果效果好，就可以节省成本。雇用司机与仓库空间的分配也是难题，1 月销量的飙升导致零售商增加了对司机的需求。高价产品零售商经常使用临时司机，尽管这可能导致糟糕的服务和高昂的成本。然而，常年雇用利用率低的司机也是不现实的。以上每一种情形都需要根据实际情况来处理。

总而言之，高价产品零售商的供应链团队扮演着一个特别具有挑战性的角色，其效率、平衡性和商业上的深思熟虑绝对是至关重要的。与其他零售业相比，高价产品零售业中的拼图式调整会更为频繁，因为零售商必须应对不成比例的高峰期。与其他零售商一样，它们的成功很大程度上取决于它们从商品规划团队获得的信息的质量。

商品规划

就像物流职能一样，商品规划职能在高价产品零售业也面临着独特的挑战，有些是各个职能都要面对的，有些则是商品规划职能必须单独面对的。其他零售业都会使用 WSSI、线卡、产品系列计划、库存管理并通过可靠的交付时间表进行进货管理。但是，促销方式及直接由仓库向消费者送货而不是向门店补货等问题给高价产品零售商带来了一系列独特的挑战。

促销

高价产品零售商的促销方式与其他类型的零售商存在很大的区别。消费者对折扣、促销信息和交易建议的反应是积极的，这带来了法律问题。政府通过制定法规以保证报价的合法性，这些法规主要围绕着时间、数量、定价和价格的稳定性等方面，以保护消费者不受误导。如果零售商不遵守法规，就会被起诉和罚款。因此，商品规划团队必须编制一份详细的、商业化的、合法的促销计划，在保证产品销量的同时确保报价是合法的。

生产预测

如果零售商进行垂直运营，商品规划团队就有责任提供准确的生产预测，并且要将其与销售预测加以区分。工厂需要相信产品经理知道生产什么、什么时候生产，并已经考虑到了销售的高峰期和低谷期，而生产安排与销售波动并不吻合。错误的做法不仅代价很高，还会导致很多问题，因此清晰的沟通是至关重要的。

一家高价产品零售商可能会销售一些较小的产品。例如，一家床具零售商也会销售枕头及其他床上用品。重要的是，商品规划团队必须具备管理门店库存的技能，从而推动附加产品的销售——这是一种利润率高且利润丰厚的促销策略。如果一位消费者花了几百英镑买了一张新床，那么按折扣价（计划好的）提供一套枕头很可能增加消费者的支出，从而额外增加利润。

预售

与其他零售业相比，高价产品零售业在商品规划方面的最大区别在于库存的管理方式。正如前文所述，这类产品不仅会占用较大的空间，而且价格昂贵，还需要直接配送给消费者。门店中的库存是用于展示的，每售出一件就会补充一件继续用于展示，然而它们并不构成零售商销售计划中有意义的部分。有一种建议是产品应该在第二天送到消费者手中，因此零售商需要维持一定的库存水平，但这在运营层面上通常是无法实现的。通过对消费者偏好进行研究，一些学者提出了不同的观点。高价产品的签收通常需要消费者在家，并为收货做一些准备，这意味着高价产品并不是必须在第二天送达。实际上，消费者更需要知道的是确切的送达时间。如果他们知道该产品能够可靠地按时送达，就会愿意等待一个星期，而不是接受一个更不可靠的承诺，如第二天送达。

这一关键因素导致了商品规划的不同，其他类型的零售商只能销售现有的产品，但高价产品零售商可以在前置时间内就将产品销售出去。只要商品规划团队足够灵活、组织得当、商业化、能够准确地进行预测，产品就可以很快地预售出去，因为每一个相关方都知道产品在哪里，什么时候能够送达。这可以在很大程度上解决库存控制的难题，因为货物可以交叉转运，永远不会被存放在仓库中的某个位置，零售商也不需要储存产品。更重要的是，这一做法有助于改善现金流。假设已经商定了合理的付款条件，那么产品在零售商付款之前就可以销售出去了。这需要一种不同的商品规划思维：库存永远是一种心理安慰，尤其是对热销产品而言。然而，这增加了商品规划职能的重要性，该职能所提供的信息需要重点关注（正如在其他零售业中的情形），其他职能需要这些信息以有效地运行。

高价产品零售业与其他零售业有许多不同之处，但显而易见的是，与其他零售业一样，供应链、商品规划和物流对其成功至关重要。

本章小结

本章介绍了高价产品零售业及高价产品的物理特性和购买方式如何影响供应链和销售部门的运行。本章的主要内容如下：

- 高价产品零售业概述；
- 高价产品物流的挑战；
- 进口和进货管理的重要性；
- 垂直运营和制造方面的考虑；
- 独特的运输要求；

- 高价产品零售业商品规划的特殊之处；
- 促销活动对高价产品零售业商品规划的影响；
- 生产预测；
- 预售。

第17章

中小型零售商

并不是只有大型零售商才关注供应链和商品规划

世界上有数量众多的中小型零售商。零售业不仅包括知名品牌和家喻户晓的产品，还包括独立经营的个体店和小型的连锁店，每家零售商都面临着一系列来自供应链的挑战。大型零售商通常更关注供应链和商品规划，这些零售商会在专用软件和专业人员上大力投资，因为它们可以从投资回报中受益；年营业额仅为100万英镑的小型零售商则难以从需要500万英镑投资的需求预测系统中受益。然而，这并不意味着中小型零售商不能从简单而具有效益的供应链和商品规划战略中获益。本章将介绍中小型零售商与大型零售商的不同之处，以及如何以最低的成本优化较小的供应链。

中小型零售商的类型

正如本书所介绍的那样，零售业包括许多不同的领域和市场。与大型零售商相比，中小型零售商存在着更大的多样性和差异。规模较小的零售商中有一些非常专业的零售商，它们可以从狭窄且集中的利基市场中获利。这些商业模式因其所吸引的市场规模有限而难以发展。列出所有不同类型的市场和零售商是不可能的，因为产品的种类太多了。但是，这里可以列出一些常见的中小型零售商。

- 肉店、鱼店和面包店：通常来说，这些零售商在当地只有一家门店或少数几家连锁店。自超市兴起以来，独立的肉店、鱼店和面包店的数量一直在减少。但是，由于消费者需求的变化，这类门店的数量将再次增加。这些门店的区别往往体现在屠夫、鱼贩和面包师的技能上，他们除了提供优质的本地产品，还能提供友好的本地服务。由于门店所有者往往是采购或制造产品并向消费者提供服务的人，因此其业务模式很难在不同的地区进行复制。此类零售商通常向本地生产商进货。
- 报刊亭、小杂货店和街角小店：市场中既有几家大型的品牌连锁店，也有许多独立的零售商。这些零售商通常服务于当地社区，凭借方便的地理位置和友好的服务态度而存在。此类零售商往往需要花费大量的现金向批发商进货。
- 时装店：时装零售业非常多元化，有不同的风格、趋势、价格和文化。市场中有很多大型时装零售商，也有很多独立的时装零售商希望吸引一批独特的消费者。这些零售商可能是销售设计师品牌的小型高端精品店，也可能是销售某种专业服装的零售商。此类零售商一般向批发商或品牌商进货，有些甚至自己生产产品。

- 代步设备店：随着人口的老龄化，在过去的 10~20 年，代步和辅助设备市场增长显著，销售此类产品的零售商也迅速增加。这些零售商需要与消费者进行沟通，同时消费者需要体验产品，因此线上竞争容易受到限制。尽管近年来市场增长显著，但还没有出现全国性的零售商，大多数门店都属于小型本地门店网络中的一部分。此类零售商一般向分销商或批发商进货。
- 珠宝店：商业街中通常有一些大型珠宝店，但也有相当数量的小型珠宝店。珠宝店的成功在很大程度上取决于其服务水平。大多数小型珠宝店都可以提供定制产品和高水平的个性化服务，因此一些消费者更倾向于选择小型珠宝店。
- 特产店：这些门店提供所在地区的特色产品。例如，在沿海地区销售海滩设备的门店就属于特产店。由于显而易见的原因，这些门店大多无法复制，因为其发展潜力取决于该地区的市场规模。

这些只是中小型零售商众多类型中的一部分，它们凭借提供本地产品、个性化的友好服务和专业服务而生存。

中小型零售商与大型零售商的区别

中小型零售商与大型零售商的主要区别不一定是营业额，也可能是经营规模。中小型零售商通常没有一个集中的办公室或特定的部门来管理各个方面的业务，因为这些工作可以由一个人来完成。例如，一位屠夫可能是一家肉店的采购主管、生产主管和销售主管等。显然，对一家中小型零售商来说，设立办公室和职能部门是没有效益的。这就是一家成功的中小型零售商难以扩张的部分原因。一家成功的中小型零售商仅由一两个人来驱动，如果将其扩张为更多的门店，就会不可避免地失去一些原有的吸引力和控制力。

两者在供应链和商品规划上也有很大的区别。绝大多数个体店和中小型零售商没有补货系统，甚至没有一个基于计算机的流程用来控制订货。中小型零售商所生成的报告也十分有限，通常只关注 SKU 的销售，而很少考虑库存和供应率。中小型零售商不会进行利润和品类组合方面的分析，因为人手有限，而且根本没有时间分析。最重要的是，这些分析是不必要的，因为中小型零售商的大多数决策都是通过直觉做出的。例如，如果天气预报显示周末会是炎热的晴天，肉店就会准备一些烧烤调料和产品；而大型零售商的供应链和商品规划团队会查看以前周末在类似温度时的销售情况，并计算需求和订货量，以确保门店为增加的需求做好准备。中小型零售商实际上也会这样做，但是它们不会进行销售分析，而是根据自己的经验来判断所需的产品数量。

中小型零售商所面临的挑战

与大型零售商相比，中小型零售商所面临的最大挑战就是大型零售商能够实现规模经济。采购小批量的产品必然会使每件产品的价格更高，这就意味着中小型零售商进行纯粹的价格竞争很困难。这就是大多数中小型零售商都注重提供更好的服务和独特的创意的原因。当然，只有当中小型零售商与大型零售商在同一区域中经营时，规模经济才是一个问题。街角小店无法以低于乐购的价格销售葡萄酒，但专业的精品葡萄酒零售商不会与大型零售商展开价格竞争，所以这不是所有中小型零售商都面临的挑战。

与大型零售商相比，缺乏能力和商业头脑也是中小型零售商面临的挑战之一，尤其是在尝试扩大业务规模时。对于大型零售商，你不会指望门店经理与供应商谈成交易或为促销活动制订分配计划；但对于中小型零售商，你肯定希望用较少的人手来做更多的事情。显然，这些人不可能精通所有业务。对中小型零售商来说，最佳实践是开展一些关于基本零售规则的培训。

另一个巨大的挑战是中小型零售商的系统和报告能力。大多数大型零售商的员工都会抱怨缺乏数据和报告能力，但在中小型零售商中几乎不存在这种情况。即使是最基础的电子收银机，也能为中小型零售商提供销售和库存数据。作为实际经营业务的人，中小型零售商的员工能够更多地接触到业务的细节，因此，他们应该对销售状况和趋势有良好的感知。

与大型零售商相比，中小型零售商具有哪些优势

虽然中小型零售商处境艰难，但它们与大型零售商相比确实具备一些优势，其中最大的优势可能是服务。例如，在超市里，通常没有很多工作人员来帮助消费者或为消费者解答问题，并且大多数大型零售商会优化其零售模式，尽可能减少员工、降低成本。但在小杂货店或熟食店里，消费者可以提出问题，与员工互动，从而建立融洽的关系。

与大型零售商相比，中小型零售商所具备专业知识也可能是一个巨大的优势。大多数大型零售商的员工并不是他们所销售的产品的专家。一家小型零售商的计算机专家一般是该领域真正的专家，因此一些消费者会为这些专

家所提供的意见支付额外的费用。

另外，中小型零售商可以更快地对某些事情做出反应，而大型零售商往往有烦琐的审批程序。中小型零售商可以直接开展促销活动、制作营销材料，并能立即改变其销售的产品和销售方式。

中小型零售商的另一个优势是对供应链的控制和了解。本地的肉店能够准确地告诉消费者肉是从哪里来的、牲畜是在哪里饲养的，甚至农场主的名字。大型零售商会尽量让消费者知道产品的来源并与消费者沟通，但其员工几乎无法回答有关产品的任何细节的问题。

管理较小的供应链

中小型零售商的供应链比较简单。大多数中小型零售商会有 1~2 个包含小仓库的门店。一家小型连锁零售商可能有一个小型中央仓库，所有的货物都被送到那里，以便为门店提供服务。运营和管理一个中央仓库所需投入的成本很高。根据业务类型的不同，零售商要么在一周内向少量供应商订货，要么自己去取货（或者两者结合）。它们与供应商的关系往往非常紧密，这既有优点也有缺点。优点是一致性和可靠性很高，供应商可能严重依赖零售商的绩效，因此它们将会确保并努力提高服务水平。缺点是由于零售商与供应商关系过于密切，零售商可能无法针对价格和交易条件强硬地与供应商进行谈判。

订货流程也很简单，可能仅仅基于纸质单据。但即使是中小型零售商，也要准确地记录库存并了解销售情况，以确保实现有效的库存管理。大多数中小型零售商都能从本地的供应体系中获益，因为本地的供应体系具有极短的前置时间，并能接受短时间内大量增加的订单。鉴于服务和消费者满意度的重要性，供应率对中小型零售商也一样重要。闭环供应链、较少的 SKU 和相对较低的销量往往使中小型零售商具有较高的供应率。

中小型零售商的商品规划职能

中小型零售商通过有效的进货和价格控制来落实用于管理销售和利润的商品规划原则。然而，WSSI 管理和品类层级的预算计划将不再适用。要想运行 WSSI，至少需要一些中小型零售商无法获取的数据，并且需要安排人手实际运行 WSSI。中小型零售商的 SKU 通常很少，因此品类层级的分析并不适用。也就是说，只有像园艺中心那样拥有大型单一门店的中小型零售商，才会使用品类层级的分析来关注需要改进的地方。

任何规模的零售商至少都应该对畅销产品进行分析，以确保它们有适量的库存。虽然中小型零售商一般没有有仓库，也不进行集中采购，但进货和订货的基本原则仍然适用。

现金流对中小型零售商来说是非常重要的，它们需要通过销售获得采购新产品的资金。大型零售商可以受益于更长的信用期限和多样化的融资选择，而中小型零售商的现金状况往往不太稳定。这通常意味着，相比之下，中小型零售商应该更好地管理其库存水平。期末库存的增加可能会使中小型零售商面临倒闭的风险，因此中小型零售商可以使用快速降价促销的方式来清空库存。因为不存在较长的、集中式的流程，所以中小型零售商可以立即开展促销活动。

对中小型零售商来说，现金流和利润率十分重要。中小型零售商不会深入分析为什么一个品类的利润率低于预算，但是为了盈利而维持良好的现金毛利依然很重要。规模较大的零售商会根据市场和自身的商业战略进行定价，规模较小的零售商则会基于当地的情况以能够盈利的水平进行定价。

所有者—经营者

中小型零售商的所有者一般是对决策和实际产出拥有最大影响力的人，这意味着他们与零售业务有个人和情感上的联系。当然，对规模较大的零售商来说，情况也有可能是这样的，但董事会及其他股东会限制他们的影响力。拥有一个对企业绩效具有极大影响力的所有者既有好处也有坏处。好处是，他们会非常小心地对待每一个决定和每一分钱，因为企业绩效将与他们的个人利益挂钩。坏处是，他们可能不会听取同事的建议或意见，因为他们拥有企业，他可能觉得自己比其他任何人都更清楚应该怎么做。当企业扩张业务时，这可能会带来更大的问题。

中小型零售商所使用的技术

正如前文所述，规模较小的零售商不会对订货和补货系统进行大量的投资。但是，中小型零售商可以使用一些简单、有经济效益的软件。中小型零售商至少需要一个收银系统来收款并向消费者提供收据。中小型零售商可能会使用机械收银机，但现在高质量的电子收银机的价格也比较合理，大多数中小型零售商都拥有这类系统。电子收银机可以保存库存和销售记录，并且能够将数据导出到 Excel 中。大多数计算机都安装了 Windows 操作系统，并且基础的 Office 程序的价格也很便宜，特别是与专用软件相比。这使中小型零售商能够以较低的成本和基础的计算机操作技能来检查库存情况、分析销售状况并确定改进措施。

从中小型零售商发展为大型零售商

营业额高达数百万英镑或数十亿英镑的大型零售商不会在一夜之间出现，它们都是一步一步发展起来的。经营一家门店已经够难了，扩张一个成功的零售业务更难。正如本章所介绍的，中小型零售商的优势和吸引力在于其规模小、业务能够影响到的人较少。在更多的门店里保持这种“魔力”并建立商誉会变得越来越困难。随着门店数量的增加，基础设施和职能也需要增加。如果以分散的方式管理向供应商付款和向员工支付工资等办公室职能，就会使管理变得复杂并且低效。零售商在发展和投资中最关键的一步往往是建立一个中央仓库。此时，它们需要建立中央化的职能和流程。运营中央仓库需要建立物流职能，而货物的流动和补货等都需要由库存系统管理。建立中央仓库可以使零售商对库存拥有更强的控制力，甚至选择开拓线上渠道。没有中央仓库的零售商也可以开拓线上渠道，但其规模将非常有限。建立中央仓库之后的下一步是建立一个具有专业职能的中央办公室。一家拥有总部及专业职能和员工的零售商通常不会被认为是中小型零售商。

本章小结

本章的主要内容如下：

- 中小型零售商的类型；
- 中小型零售商与大型零售商的主要区别；
- 中小型零售商面临的挑战；
- 中小型零售商与大型零售商相比具有哪些优势；
- 如何管理较小的供应链；
- 中小型零售商的商品规划职能；
- 中小型零售商内部的“所有者—经营者”情况；
- 中小型零售商所使用的技术；
- 从中小型零售商发展为大型零售商的过程中的挑战。

第 18 章

解决供应链和商品规划中的常见问题

场景

我们探讨了零售业中的几个主要领域，重点讨论了它们的供应链和商品规划职能，并强调了每个领域的独特需求。尽管不同企业的运营模式、工作实践和预算可能存在巨大的差异，但一些问题和战略性的挑战在不同的零售商中是普遍存在的。本章将详细介绍许多供应链和商品规划职能可能面临的问题和场景。这些场景并不是真实的例子，但是它们均基于确实发生过的场景，本书所建议的行动和补救措施是处理这些问题的标准做法。然而，由于现实中往往会涉及更多的变量，所以这些做法不应该被视为相关问题的最终解决方案。

库存过多

库存量是大多数供应链和商品规划团队的主要 KPI 之一。对某些行业而言，该指标更加重要，不过通常来说，大多数企业都不想有过多的库存。一家企业库存过多的原因有很多。一家企业库存水平提高通常意味着进货量高于销量。虽然这表明进货过多是问题所在，但更多的时候其实是销售出现了问题。在找到问题的根本原因之前，企业需要了解库存问题的严重程度并计算恢复预算水平所需的资源，从而评估实现这一目标所需的时间。如果库存预算为 5 000 万英镑，当前库存为 7 000 万英镑，每周销售额为 200 万英镑，那么企业可以合理地假设，由于当前库存与库存预算的差额相当于 10 周的销售额，所以库存不会很快恢复到预算水平。除非库存被计提或冲销，否则为了降低库存水平，销量必须超过进货量。

一旦确定了问题的严重程度，企业就可以制定一个时间表，以规划如何将库存恢复到预算水平。在采取降低库存水平的行动之前，企业首先要找出库存过多的原因，这一点很重要。为了减少多余的库存而盲目开展促销活动、降低自身利润是没有意义的，因为库存很快就会再次增加。一般来说，库存增加是由进货过多、销量不高或两者共同作用而造成的。

企业进货过多的原因有很多。一个普遍的原因是缺乏计划和控制。进货过多并不奇怪，如果企业拥有最新的 WSSI 和完善的采购系统，进货量就不会过多。正是由于缺乏计划和控制，企业往往会在迷茫中陷入库存问题。不具备这些资源的企业很容易发生这类问题。熟练的产品经理或需求计划员要控制整个业务按照 WSSI 和预测进货量进行。供应链和商品规划团队的结构和能力等方面的问题可能导致缺乏计划和控制。例如，一个完全由管理员组成的团队仅仅靠发布命令是无法对进货量进行充分的计划和控制的，他们需要通过 WSSI 和报告来监视进货量并预测未来的库存量。除了有效地管理进货，销售和退出计划也同样重要。准确的销售预测对维持正常的库存水平来说是至关重要的。在销量持续低于预算的情况下，由于企业已经按照销售预测提前订了货，所以最终一定会导致库存过多。这就是说，每个 SKU 都应该有一个计划销量。如果每个 SKU 都有一个计划销量，企业就可以相应地调整进货量，相关的报告就可以凸显哪些 SKU 没有达到计划销量，从而导致库存过多。

一个 SKU 或产品系列的退出计划对库存控制是至关重要的。糟糕的退出计划会导致库存过多、期末库存积压，最终会降低利润率。正是因为有可能造成利润率降低，企业才无法迅速清空库存。降价销售会降低利润率和盈利能力，因此从采购的角度解决期末库存问题确实阻力很大。然而，如果商业计划制订得当，这部分降低的利润率就会被纳入预算。

门店补货效率低下可能是导致库存过多的不太常见的原因。如果门店的周转率比仓库高，门店的库存就可能会被卖光。更改补货周期以使货物尽快运到门店可以减少门店所需的库存量，同时保持良好的供应率。

以下是解决这个问题的一些关键点。

- 进货计划和控制：是否采用了正确的方法和报告？是否有熟练的供应链和商品规划人员来管理库存？
- 销售预测：准确的销售预测可以有效地推动补货；要确保每个 SKU 都有一个计划销量，每个品类都有一个全面的产品系列计划。
- 退出计划：缺乏退出计划会导致期末库存增加；要确保在一个 SKU 退出之前就为其做好退出计划。
- 有效补货：补货缓慢和补货不足都会导致库存过多；要确保通过分店商品规划有效地补货，并在经济上可行的前提下尽可能地缩短补货周期。

- MOQ：较高的 MOQ 会导致库存过多，进而导致资金被多余的库存占用。

期末库存过多

对零售商来说，期末库存可能暂时只是一个小问题，但它总会逐渐发展为一个大问题。持有过多的期末库存并不一定意味着总体库存太多。然而，期末库存慢慢积累，最终会导致总体库存过多。期末库存的累积会增加不必要的库存，并最终对利润产生影响。期末库存是一个 SKU 从一个产品系列中退出，但没有快速清空时产生的。

期末库存并不是一个会影响所有零售商的问题。食品零售商受到保质期的限制，这迫使它们在产品无法销售之前就需要清空库存。不易腐烂的产品也可以有人为指定的保质期，这将促进销售。虽然这样做可以解决期末库存问题，但是如果降价销售，利润率就会大幅下降。由于利润率的影响，一些零售商不愿意降价销售，但是正如本书多次提到的那样，如果退出计划已经被纳入预算，就不会产生预期之外的利润率下降。

解决期末库存问题有两个明确的行动方案——采取措施以防止产生期末库存，以及出售或处理现有的期末库存。为了阻止期末库存继续增加，企业需要建立一个明确的流程来促进 SKU 退出。SKU 的退出通常与产品系列变化和更新一起进行。为此，企业需要建立一个健全且兼容的关键路径流程，而且在关键路径中，退出计划必须在流程的早期就开始执行。正如前文所述，退出计划是预防期末库存的最佳措施。提前计划减少快要退出的 SKU 的库存可以使库存量在 SKU 退出产品系列之前处于最佳水平。

如果商业职能偏重于采购，就可能导致库存控制不足，因为采购员可以迅速带来大量的新产品，但很少考虑旧产品库存的处理。要想解决这个问题，企业就要在商品规划和采购之间达成适当的平衡。实行 OTB 体系可以避免形成期末库存。OTB 是指应用于品类的库存预算，一旦超出库存预算，企业就不能采购更多的库存了。为了推动新库存的销售，采购员和产品经理必须确保期末库存得到处理，否则不能采购新库存。

一旦采取了适当的措施来阻止期末库存继续增加，现有的库存就需要及时消除。处理现有库存时要在销售速度和获得尽可能多的收益之间取得平衡。大多数期末库存会随着时间贬值，其收入潜力也会随之减少。出于这个原因，最佳实践是快速处理期末库存。一种简单快捷的方法是对库存进行报废处理或将其拍卖。很明显，这可以迅速处理期末库存，但从回报的角度来看，回报是微乎其微的。一些企业建立了针对老旧库存的财务准备金，以维持利润率水平。显然，企业在计提准备金之前售出库存会更好。通过 B2B 渠道向其他企业提供库存可能是比报废更有利可图的选择。不同的国际市场处于不同的发展阶段，在英国已经停产的产品可能是国外某个市场的标准产品这可能是期末库存进入市场的另一条途径。

以下是解决这个问题的一些关键点。

- 明确关键路径流程：产品退出流程是否清晰，退出计划是否包含时间安排？
- 退出计划：退出计划要全面并准备充分，以确保产品成功售空。
- 采购和商品规划之间的平衡：商业职能偏向采购可能会导致企业产生期末库存，企业要确保适当的商品规划资源和流程，以确保供应充足。
- OTB：引入一个 OTB 类别，该类别需要优先处理期末库存，以便继续采购新产品。

- 准备金：是否为期末库存建立了准备金？
- B2B 和国际市场：不同的进入市场的途径可以为期末库存带来更多的潜在收入。
- 防患于未然：在处理现有库存之前，确保建立正确的流程以避免产生期末库存。

供应率过低

对零售商来说，供应率是一个很重要的指标。其重要程度取决于零售商所处的行业及产品的可替代性。一家超市里香蕉和牛奶经常缺货比一家电子产品零售商 100 节装 AA 电池缺货要严重得多。香蕉和牛奶没有明确的替代产品，而 AA 电池有 4 节装、12 节装、24 节装等，这些产品可以作为 100 节装 AA 电池的替代产品销售。在当今的全渠道市场中，企业还需要考虑线上的供应率。良好的线上供应率通常基于良好的门店供应率。供应不足往往是由企业对进货、分配管理不善或两者共同作用而造成的。如果企业的进货量不足以应对需求，就意味着企业没有足够的库存分配给门店。一家零售商可以拥有世界上最好的门店补货系统，但是如果仓库中没有库存可以用于补货，那么门店的供应率仍会受到影响。

出色的销售预测是有效进货的基础。如果销售预测准确，供应商只要按照计划进货就可以满足需求。如果配送中心有充足的库存而供应率不佳，就说明补货有问题。相关事项通常由分店商品规划职能进行管理。补货问题可能是由许多原因引起的。

补货系统不佳会影响供应率。例如，如果补货系统使用销售历史记录而不是预测的需求，就意味着未来需求的任何变化都不会被考虑在内。这可以通过转向更多地基于分配的系统来弥补，但这样做可能会产生高昂的费用，因为与自动补货系统相比，它需要大量的劳动力。

补货速度可能是影响供应率的一个因素。如果从门店订货到交付的时间很长，对需求变化做出反应的能力就会受到限制。当一种产品的销量波动很大时，这是一个很严重的问题，因为这可能导致更频繁的缺货。有两种方法可以解决这个问题：增加门店的库存，或者缩短补货周期。增加库存可能会导致库存过多，而缩短补货周期会增加运营成本，因此企业需要在库存量、补货速度、运营成本和供应率之间达成某种平衡。

就像第 6 章中的时间、成本和质量三角形一样，所有这些指标难以同时满足。较少的门店库存和较短的补货周期同样可以实现良好的供应率，但这会带来较高的运营成本。而较低的运营成本往往伴随着较长的补货周期和较高的库存量。

以下是解决这个问题的一些关键点。

- 有效的进货：有效的进货保证了配送中心有足够的库存来为门店补货。
- 补货系统：一个差劲的补货系统是否会导致分配不足？企业需要检查计算过程并优化补货系统的设置。
- 门店库存量：增加销售速度较快的 SKU 的库存量可以防止其售罄。
- 补货周期：补货周期是否过长？加长从门店订货到补货的时间可以提高供应率。

门店之间的供应率和库存周数不一致

总体的供应率和库存量可以作为 KPI；但是，对拥有很多家门店的零售商来说，这实际上会掩盖门店层级的问题。在一个拥有 500 家门店的门店网络中，可能有 100 家门店的供应率较低，另外 100 家门店的供应率较高，平均供应率达到了目标。但是，这 100 家供应率较低的门店可能是营业额最高的门店。很多时候，营业额最高的门店拥有最短的库存周数和最低的供应率，因为它们的销量是最高的。因此，在这种大规模的门店网络中，最畅销的产品会得到优先考虑，但周转速度最快的门店可能会被忽视。

不同门店之间的库存周数和供应率应该保持一致。如果不一致，就说明零售商存在某些问题。门店没有分级往往是这些问题的主要原因。如果每家门店都得到相同的待遇，周转速度较快的门店就会吃亏。通过引入有效的分级制度，补货和库存分配等都将按照门店等级来运行。只要门店分级正确，就可以确保最好的门店的补货和库存分配方案能与其绩效相匹配。同样重要的是，周转速度较慢的门店也不会产生不必要的库存。

不良的补货系统也可能导致此问题。现代的补货系统应该在考虑各个门店的绩效和等级的同时对补货计划进行优化，以满足未来的销售要求。在一个高绩效的补货系统中输入的信息应该是最新的、正确的。俗话说得好："无用的输入导致无用的输出。"在补货系统中输入最新的销售预测和门店等级可以确保为所有门店有效地补货。如果补货系统本身就很差，那么引入更多的分配员或手动进行分配也可以获得更多的控制力，但这是一个昂贵的解决方案。

以下是解决这个问题的一些关键点。

- 门店分级：适当地使用门店分级体系可以确保补货和分配方案与特定门店的属性和绩效相匹配。
- 补货系统：补货系统是否根据最新的门店信息做了优化？
- 分配：手动分配可以带来更强的控制力，并使相关人员更加关注数据。

成本过高

在零售商希望降低成本、少花钱多办事的压力下，其高层面临的最大挑战之一是部门负责人或主管如何在不影响绩效的前提下降低成本并节省开支。供应链和商品规划团队的成本中占比最高的是员工工资。如果物流在其工作范围之内，那么物流成本将是占比最高的成本。显然，每个员工可以做的工作是有限的，如果减少员工数量并要求员工持续做更多的工作以降低成本，将会导致旷工和较差的绩效。

企业可以通过重组来提高效率，这可能是一种在保持相同工作量的同时减少员工数量的方法。合并部门和减少管理层就是通过重组来降低成本的例子。减少总人数的一种常用方法是引入新技术。新系统可以通过替代人工操作的方式来提高效率。在供应链和商品规划职能中，订货、预测和补货是最耗时的工作。订货、预测和补货系统可以自动完成这些任务，从而有效地节省人力资本。但是，新系统通常十分昂贵，需要大量的投入，并且获得投资回报需要等待很多年。

以下是解决这个问题的一些关键点。

- 部门结构：当前的部门结构是否适用于现在或将来的业务？部门重组可能会提高效率并降低成本。
- 新系统：引入新系统可以简化各职能的任务，从而降低人力成本。

产品系列审查和促销执行不力

产品系列审查和促销是跨职能的活动，需要多个职能共同采取行动并进行投入。虽然这些活动是零售业的重要组成部分，但它们往往没有充足的资源，也鲜有人为它们负责。众所周知，跨职能流程很难落地，因为这些流程需要遵循一条关键路径。如果错过关键路径中的最后期限，就会产生连锁反应，进而挤压其他职能的时间。对活动涉及的所有职能而言，遵循关键路径是很重要的。定期召开会议并与所有相关方进行沟通的做法可以建立一个平台，以显示各员工能否在正确的时间范围内完成各项任务。个人是否按时完成任务的可见性将迫使员工遵守时间规定，因为如果他们怠慢了，活动涉及的其他职能也会看到。高层的参与是提高员工遵从性的好办法。大多数任务是在采购员或产品经理层级上执行和完成的，因此除非有特别的更新，否则高层不会干预活动的细节或不了解活动的进展情况。如果各职能的遵从性很好，但是产品系列审核和促销的执行情况仍然很差，那么企业可能需要审核关键路径本身。关键路径的一个常见缺陷是没有足够早地开始计划并且没有建立应急机制。如果零售商要从亚洲采购产品，那么关键路径在前置时间之前就要开始，并要建立针对风险的应急机制。延迟发货或出现生产问题等情况很常见，因此零售商需要建立缓冲区以确保按时完成任务。

以下是解决这个问题的一些关键点。

- 关键路径：任何跨职能活动的关键都是创建一个良好的关键路径。
- 遵从性：遵从性是完成涉及多个职能、多项任务的活动的关键；下一项任务的完成往往依赖于前一项任务的完成。
- 应急机制：对任何项目或活动来说，降低风险都是很重要的。一个流程中的任务越多，发生延迟的风险就越大，因此零售商需要提前建立缓冲区。

本章小结

本章介绍了供应链和商品规划中的常见问题和场景。本章的主要内容如下：

- 库存过多；
- 期末库存过多；
- 供应率过低；
- 门店之间的供应率和库存周数不一致；
- 成本过多；
- 产品系列审查和促销执行不力。

第19章

未来零售业的供应链和商品规划

零售业的未来

在过去的10年中，零售业发生了显著的变化。经济衰退、电子商务的崛起给许多零售商带来了巨大的压力，导致一些零售商面临倒闭的风险。技术在赋予消费者权力的同时，也给零售商带来了方方面面的压力。但是，再过10年，情况会变成什么样呢？显然，虽然许多政治、经济和环境因素无法预测，但是有很多趋势很可能会持续下去。

技术的崛起

显然，技术的普及和改进仍会持续。对消费者来说，他们所购买和使用的产品将会持续变化。对企业来说，仅仅维持行业标准的运营就需要大量的技术，其软件水平和复杂性也会进一步增加。

购物体验

随着线上销售额的持续增长，实体店的定位将从销售产品的空间转变为消费者体验产品的场所，技术的应用有助于实现这一转变。一些企业已经开始对实体店进行调整，通过更新其产品组合，使门店变得更具互动性。在许多情况下，实体店将发挥支持性的功能并成为线上商品的线下展示空间。增强现实（Augmented Reality，AR）是指在用户环境中实时集成数字信息。下载零售商的 App，看看其沙发在你家的客厅里会是什么样子，这就是 AR 应用的一个例子。这些都是全渠道模式的一部分，所有零售商都开始在更广泛的基础上采用该模式。然而，这只是 AR 在特定行业中的应用，食品零售商不会把真实食品与真实食品的全息图互换。当然，消费者也希望自己能更方便地选择想要的产品。虚拟现实（Virtual Reality，VR）是指利用技术为用户创造一个人工环境，以便为在家中的消费者提供购物体验。当你可以在家里通过 VR 设备浏览并选择产品时，为什么还要去实体店呢？这种技术已经存在了，并且消费者的行为会推动这种技术的发展。当有大量可用的技术时，零售商很容易在技术上投入不必要的时间和资金。零售商始终要思考一个问题：它能带来更多的利润吗？

运营技术

随着计算机系统和软件的引入和发展，供应链和商品规划职能在技术上有了很大的进步。但是，技术将如何影响未来供应链和商品规划团队的工作环境呢？第 10 章介绍了大数据和机器学习，一些零售商已经在使用这些技术了。据预测，机器学习和大数据将在日常的供应链和商品规划活动中发挥更大的作用。销售预测将变得更加自动化，更智能的系统将使用更多的变量和人工智能来提供最佳预测。大数据和机器学习将在门店补货中扮演重要的角色。由于系统将自动分配最佳库存数量，因此企业只需要很少的分配员来分配库存。

未来的供应链和商品规划职能会完全由机器运行吗？在可预见的未来，答案是否定的。正如本书所强调的那样，人类的直觉和商业头脑是无法在机器上复制的。时装就是一个很好的例子，机器不能创作原创的音乐或艺术杰作，无法预测下一个时尚潮流，也无法设计出本季的流行图案。机器可以分析大量的数据，从而提出未来的趋势和可能的行为，但最终的决策还是需要由人做出。

消费者行为

当前线上购物的趋势会持续下去，产品的性价比也会继续提高。然而，在未来的某个时刻，线上销售的增长肯定会达到平稳状态。因为预计这种情况不会在短时间内发生，所以零售商会继续发展其线上业务。随着“千禧一代”的成长和新一代的出现，科技在每个人的日常生活中将会变得根深蒂固。移动互联网和家庭互联网的速度会越来越快，这将继续推动线上零售的发展。

利用物流获得竞争优势

最近，零售商已经开始利用物流来获得竞争优势，它们开始提供免费（或少量收费）的配送服务。这不是一个新的趋势，但其规模已经发生了变化。在很长一段时间里，次日送达和次日免费送达都是“黄金供应”，但最近快递网络的发展打破了以往的壁垒。一些零售商可以做到“午夜前下单，第二天送达”，甚至当天送达。亚马逊已经开始通过其 Prime 会员服务来推动当天送达和一小时送达，并为部分 Prime 会员免费提供两小时送达服务。现在，亚马逊已经实现了一小时送达，那么下一步是什么呢？好吧，就配送速度而言，在《星际迷航》（*Star Trek*）式的传输设备被发明并安装在家里之前，配送的速度不会变得更快了。这些服务将继续得到优化，价格也会进一步降低。如果消费者有需求，那么所有零售商都会开始提供相似的服务，这也会让它们都丧失竞争优势。那么，未来的物流还将面临哪些问题呢？

很多电子商务和零售企业都尝试过无人机送货。无人机送货不需要公路，所以可以缩短运输时间。然而，如何以可接受的成本进行大规模应用的问题目前还没有得到解决。空域和安全是需要克服的两大障碍。2016 年，亚马逊在剑桥完成了首次无人机送货服务。目前，该服务仅适用于两名居住在亚马逊仓库附近的拥有大型花园的顾客，并且包裹的重量不能超过 2.6 千克，所以限制是很明显的。然而，这只是自动化配送的开始。随着无人机技术的不断发展，拥有开阔空间的地区将从这项技术中获益。亚马逊并不是唯一一家尝试空中配送的公司，谷歌的实验性无人机配送项目“X”旨在将产品送到农村消费者的手中。

超级高铁（Hyperloop）是特斯拉（Tesla）和太空探索技术公司（SpaceX）的 CEO 埃隆·马斯克（Elon Musk）倡导的一种革命性的高速运输

系统。利用加压真空技术，悬浮舱将以每小时 1 287 千米的速度运行。这听起来像是科幻电影里的情节，但它已经在测试中。它可以彻底改变距离较远的国家之间的物流方式。全球各地都已经开始进行试验，以了解超级高铁能够提供哪些可能性。2017 年，美国内华达州的沙漠里已经有一条 500 米长的超级高铁隧道投入测试。你可以想象一下，将运输时间（通过公路或铁路）缩短到原来的 1/16，并且不需要驾驶员，行驶 644 千米可能只需要 30 分钟。显然，这是一项非常新的技术，但目前还处于起步阶段。这项技术本身还没有得到充分的试验和证明，而且应用这项技术所需的投入将是巨大的。另一个明显的限制是，这项技术只适用于那些拥有较开阔空间的国家和地区，因为这些国家和地区的货物运输时间很长。这意味着，超级高铁当前很难在英国实现。这项技术的应用空间是非常有限的，因为大多数产品的运输距离只有几百千米，而不是几千千米。虽然这些限制和挑战让这项技术看起来是无法实现的，但目前已经遍布全球的铁路网络表明，构建这样一个运输网络并不是完全不可能的。

3D 打印是一种用 3D 打印机打印产品（通常是塑料制品）的技术。零售商已开始使用 3D 打印为消费者提供定制服务。早在 2014 年，亚马逊就推出了一个新的 3D 打印商店，该商店提供定制服务，消费者可以改变产品的大小、颜色、材料甚至设计的各个方面。这可能只是一个开始。如果 3D 打印继续以目前的速度发展下去，用不了多久，整个物流行业可能就会消失！如果消费者可以去门店选择需要的产品，并在门店里稍等片刻产品就会被打印出来，那么企业为什么还需要仓库、运输、配送网络和供应商呢？这项技术甚至会使实体店面临风险，因为消费者可以下载企业的说明（企业可以收费），并在家里打印他们所需的产品。这可能会将整个零售业置于危险之中。但就目前而言，这基本上是不现实的，许多产品无法通过机器进行实体打印，如食品。然而，在不久的将来，3D 打印的确有可能改变现有零售商的销售和运营方式。

大型企业

谷歌、苹果、亚马逊、微软、易趣等大型企业对当今零售业产生了很大的影响。它们不仅创造了我们购买的产品，还创造了购买和配送产品的方式，甚至影响了我们的购买决策。这些大型企业对消费者的期望和行为造成了很大的影响。它们有资本、力量和资源来开发其他企业没办法去尝试的技术。这是否意味着其他零售商就应该接受失败？不，这些大型企业比看上去更需要其他零售商。20 年前，乐购似乎是一股不可阻挡的力量，它以惊人的速度增长，并且进入每一个可能的市场。然而，在过去的 10 年里，它的市场份额和市值的增长已经停滞。正如本书所讨论的那样，外部因素导致消费者购物方式发生转变，包括买什么和怎么买。今天的大型零售商似乎势不可挡，但历史告诉我们，事情很快就会改变。亚马逊和易趣通过销售其他零售商的产品获得收入，而谷歌和苹果则严重依赖其他零售商销售其产品。其他零售商需要利用这些企业所拥有的影响力和曝光率来打造自身的优势。亚马逊和易趣的网站流量是巨大的，对普通零售商来说，试图正面解决这个问题是没有意义的。相反，零售商可以利用这些大型企业提供的交易平台打造自己的优势。

供应链的未来发展趋势

供应链一如既往地复杂，并且将来会变得更加复杂。让我们看一下零售供应链未来的一些发展趋势。

- 全球化。全球化不是已经发生了吗？为了不断地削减成本，所有的零售商都在寻找来自世界各地的货源。随着像中国这样的传统市场的产品价格不断提高及供应商和竞争对手的激增，目前这种进入全球化市场的途径已经无法让企业获得竞争优势。为了重新获得竞争优势，企业将目光投向更远的地方，着眼于世界上还未开发的地区，以寻找更廉价的产品。
- 去全球化。说全球化和去全球化都是未来的发展趋势似乎有些奇怪。然而，本地采购、碳足迹、产品可追溯性和道德等因素对消费者来说变得越来越重要。这对某些行业的影响很大，如食品零售业。更具体地说，肉类是消费者更关心其来源而不是价格的产品，英国超市目前都在宣传“只卖产自英国和爱尔兰的肉”。显然，消费者不会对电子产品持同样的态度。
- 敏捷的供应链和较低的库存量。因为消费者想要尽快收到产品，所以配送速度越来越快（晚上 10 点前下单、次日送达，或当天送达等），甚至很快他们就能在真正下单之前收到货了！如今，产品的上市速度越来越快，生命周期越来越短，现金流越来越紧张。无论是在物流方面，还是在整个供应链运行方面，零售商都需要变得更加精简和高效。
- 零管理。本书对技术做了详尽的讨论，包括它对供应链的帮助和阻碍等。显而易见的是，技术应该做自身最擅长的事情，包括处理数据、生成报告并协助员工决策和解决问题。

实体零售业的末日到了吗

“是两小时内免费送达还是一小时内有偿送达？”“实体店已经关闭？”“以每小时 1 287 千米的速度配送？”“不再需要物流了？”“直接由消费者 3D 打印？”“不会有仓库了？”看着这个行业的发展和趋势，我们很容易得出这样的结论：过去我们所熟知的实体店已经不复存在。然而，请不要迷失方向，因为这些不是我们当前应该关心的问题，毕竟绝大多数消费者仍然是通过实体店完成购物的。未来五年零售业所面临的问题将类似于近年来已经逐渐被克服的挑战。如今，消费者的行为已经改变，并将继续改变，由线上销售所推动的全渠道零售将继续抑制实体店的客流量。社交媒体、信息和新闻的可及性导致如今英国的政治格局两极分化，这可能会对经济造成影响。在撰写本书时，我们还不清楚英国脱欧将会对商业造成何种影响。自从英国宣布脱欧以来，英国企业不得不应对英镑贬值，这意味着进口产品会变得更加昂贵。这些都是在不久的将来我们应该关注的问题。考虑到本章提及的所有因素和市场趋势，实体店和传统的零售规则仍然和以前一样重要。从利润和增长的角度来看，消费者的复杂性及其对高性价比产品的需求（由经济力量所驱动）无疑将使零售业面临更大的困难。然而，实体店、供应链和商品规划的原则将继续对零售商的成功发挥关键作用。

本章小结

本章介绍了零售业的未来及未来零售业中供应链和商品规划的变化。本章的主要内容如下：

- 技术在零售业内部和外部的影响力不断增强；
- 购物体验的改变，包括 AR 和 VR；
- 运营技术和大数据将如何重塑零售业；
- 如何改变消费者行为；
- 零售商如何利用物流获得竞争优势；
- 大型企业及其对当今零售格局的影响；
- 供应链的未来发展趋势；
- 实体零售业的末日是不是已经到了。

版权声明